kurz gefasst Deutsch

Grammatik

Stefan Schäfer

Ernst Klett Verlag
Stuttgart · Leipzig

kurz gefasst Deutsch
Grammatik

von Stefan Schäfer

1. Auflage 1 5 4 3 2 1 | 2011 10 09 08 07

Alle Drucke dieser Auflage sind unverändert und können im Unterricht nebeneinander verwendet werden. Die letzte Zahl bezeichnet das Jahr des Druckes.

Internetadresse: www.klett.de

Redaktion: Michael Banse, Leipzig
Herstellung: Sandra Schneider

Umschlagfoto: Corbis, Klaus Hackenberg / Zefa, Düsseldorf

Satz: Markus Schmitz, Münster
Druck: W. Wirtz, Speyer

Printed in Germany
ISBN: 978-3-12-320219-3

9 783123 202193

Inhalt

Wie ich mit dem Heft arbeite

Die Grammatik folgt in ihrem Aufbau den verschiedenen Ebenen der Sprache und geht den Weg vom Laut über das Wort und den Satz zum Text. Die genaue Gliederung verdeutlicht das Inhaltsverzeichnis, das so eine schnelle thematische Orientierung ermöglicht.

Innerhalb der einzelnen Kapitel werden durch eine fortlaufende Nummerierung (von ▶ 1 bis ▶ 153) kleinere Abschnitte gekennzeichnet. Die Angaben im Register beziehen sich auf diese Nummerierung. Auf diese Weise kannst du gezielt Erläuterungen finden, ohne dazu größere Abschnitte lesen zu müssen. Querverbindungen zu anderen Abschnitten werden angezeigt (s. ▶). Dies geschieht dort, wo entweder weniger gebräuchliche Begriffe verwendet werden oder zwischen zwei grammatischen Phänomenen ein sachlogischer Zusammenhang besteht.

Die Darstellungen im Heft sind so, dass links auf der Seite die Erklärung und rechts Beispiele stehen. Die Funktionen und Erklärungen werden durch Farben unterstützt:

Abschnittsnummer **Darum geht es**

▶ **5** Wörter, die auch selbstständig vorkommen, können zusammengesetzt werden. Man nennt dies **Komposition** (= Wortzusammensetzung).

Komposita bestehen aus einem Grundwort, das zugleich die Wortart der Zusammensetzung bestimmt, und einem Bestimmungswort. Zwischen Grund- und Bestimmungswort kann dabei ein **Fugenelement** eingeschoben sein.	*haushoch, Hochhaus, Pechvogel, Saftladen* *Jasager, Durchgang, Außenseiter* *Milchmädchen, Milchmädchenrechnung* *Seitenstraße, Nebenstraße, Schnellstraße* *Kalbfleisch, Kalbsbraten* *Fleischsalat, Fleischeslust*

Erklärungsspalte **Signalfarbe zur Verdeutlichung** **Beispielspalte**

Es gibt zwei Wege, mit dem Heft zu arbeiten:

- Du kannst das Heft systematisch von vorn nach hinten oder einzelne Kapitel daraus durcharbeiten.
- Bei Fragen zu einzelnen grammatischen Begriffen oder zu Erscheinungsformen, zu denen du eine Erklärung suchst, kannst du über das Register schnell zur gewünschten Stelle im Heft kommen.

Am Ende des Heftes findet sich eine Checkliste (mit Lösungshinweisen) zu den wichtigsten grammatischen Phänomenen, die eine Selbstüberprüfung erlaubt und zugleich weitere Beispiele enthält.

„Grammatik“ ist kein einfacher Gegenstand, aber auch nicht so verwirrend, wie man im ersten Augenblick manchmal vielleicht glauben möchte.

Insbesondere ist es hilfreich, sich den Unterschied zwischen den sprachlichen Elementen selbst und ihrem Gebrauch (d. h. ihrer Funktion) immer bewusst zu machen:

sprachliches Element	**Funktion, Gebrauch**
Buchstabe, z. B. s	Kennzeichen des Plurals (z. B. *Auto-s*) Kennzeichen des Genitivs (z. B. *des Vater-s*) Fugenelement (z. B. *Weihnacht-s-geschenk*)
Wort, z. B. Verb (gehen)	Prädikat (z. B. *Er **geht** nach Hause.*) Infinitiv (z. B. *Er will noch nicht **gehen**.*) Nominalisierung (z. B. *Das **Gehen** fällt ihm schwer.*)
Satz	Fragesatz (z. B. ***Wer kommt zuerst**?*) Relativsatz (z. B. ***Wer zuerst kommt**, malt zuerst.*) Subjekt(satz) (z. B. ***Wer zuerst kommt**, malt zuerst.*)

Wortsegmente

1. Laute und Silben

1 Wörter bestehen aus Lauten, die mithilfe von **Buchstaben** zwar aufgeschrieben, aber nicht identisch wiedergegeben werden können.

Buchstaben sind keine Laute: Sowohl für die Rechtschreibung als auch für die Grammatik ist diese Unterscheidung sehr wichtig.

Zwischen dem *Umfáhren* einer Person und dem *Úmfahren* dieser Person besteht nicht nur im Straßenverkehr ein großer Unterschied, sondern auch in der Grammatik.

2 Bei den **Lauten** unterscheidet man zwischen:

- Konsonanten (= Mitlaute: Laute, bei denen der Luftstrom ein Hindernis überwinden muss)

  [ŋ] *Enge*, [x] *auch*, [ʃ] *Masche*, *Stütze*, [m] *Masche*, *Stämme*

- Vokale (= Selbstlaute: Laute, bei denen der Luftstrom frei entweichen kann)

  [ə] *Enge*, *Stämme*, [ɛ] *Enge*, *Stämme*, [a] *Masche*, [ʏ] *in Stütze*

- Diphthonge (= Gleitlaute: zwei Vokale, die in der Artikulation ineinander übergehen)

  [ɔi] *Häute*, *heute*, *Loipe*, [au] *auch*, [ai] *Ei*, *Essen-Kray*

3 Unter einer **Silbe** versteht man eine rhythmische Sprecheinheit mit einem vokalischen Kern.

Beachte: Die Sprechsilben stimmen nicht immer mit den Schreibsilben, wie sie für die Silbentrennung wichtig sind, überein.

[ɛŋ-ə] (Schreibsilben: En-ge)
[ʃtɛ-mə] (Schreibsilben: Stäm-me)
[ma-ʃə] (Schreibsilben: Ma-sche)

2. Morpheme

4 Wörter bestehen auch inhaltlich aus kleineren Einheiten, den Morphemen.

Unter einem **Morphem** versteht man die kleinste bedeutungstragende Einheit einer Sprache. Man unterscheidet zwischen Morphemen mit lexikalischer und Morphemen mit grammatischer Bedeutung.

ess-bar („-bar" hat die Bedeutung von „man kann", hier: „man kann [es] essen")
Ge-birg-e („Ge-" ist ein Sammelmorphem i. S. v. „mehrere", hier: „mehrere Berge")
Auto-s (das Morphem „-s" hat hier die grammatische Bedeutung „Plural")
ge-gang-en (die Morpheme „ge-" und „-en" haben hier die grammatische Bedeutung „Partizip Perfekt")

Bei den **lexikalischen Morphemen** wird weiter zwischen dem Wortstamm, den dem Stamm vorangestellten (= Präfix) und den dem Stamm nachgestellten (= Suffix) Morphemen unterschieden.

ver-läss-lich
Ver-läss-lich-keit
zu-ver-läss-ig
Zu-ver-läss-ig-keit
Un-zu-ver-läss-ig-keit

Wortbildung

Übersicht

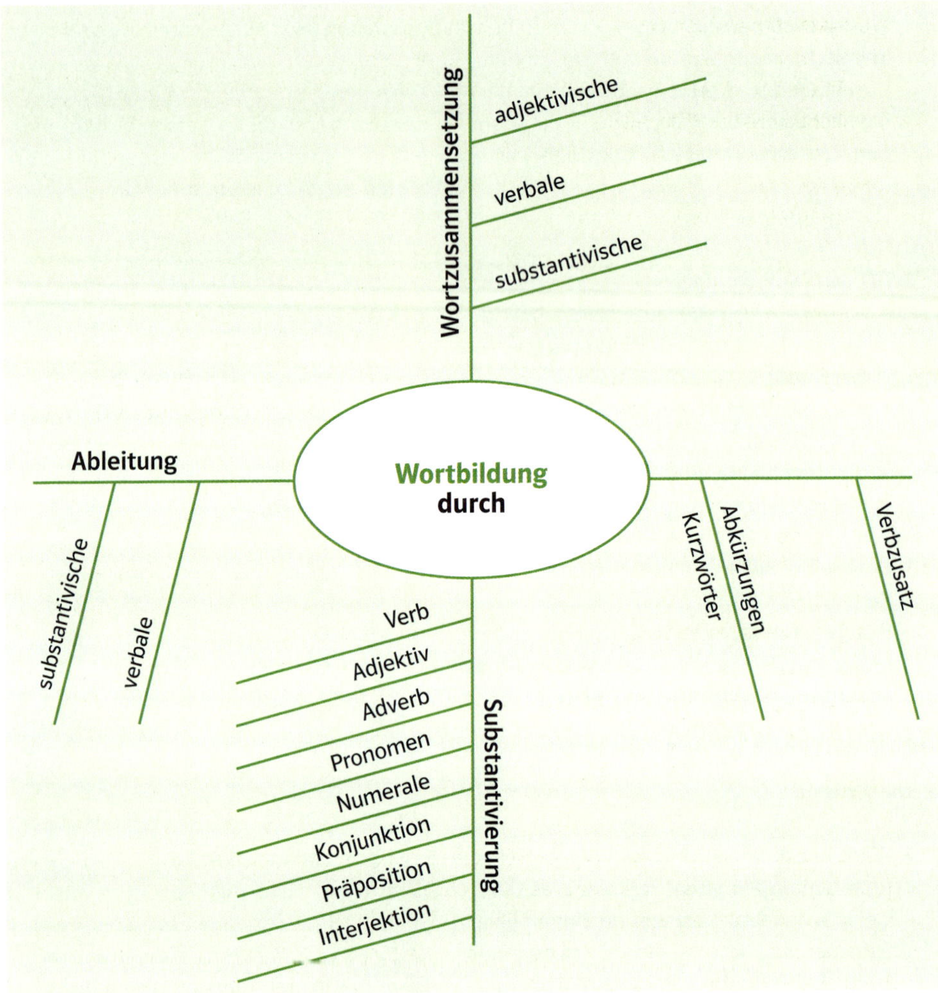

1. Wortzusammensetzung (Komposition)

▶ **5** Wörter, die auch selbstständig vorkommen, können zusammengesetzt werden. Man nennt dies **Komposition** (= Wortzusammensetzung).

Komposita bestehen aus einem Grundwort, das zugleich die Wortart der Zusammensetzung bestimmt, und einem Bestimmungswort. Zwischen Grund- und Bestimmungswort kann dabei ein **Fugenelement** eingeschoben sein.

haushoch, Hochhaus, Pechvogel, Saftladen
Jasager, Durchgang, Außenseiter
Milchmädchen, Milchmädchenrechnung
Seitenstraße, Nebenstraße, Schnellstraße
Kalbfleisch, Kalbsbraten
Fleischsalat, Fleischeslust

▶ **6** Die häufigsten Arten von **Wortzusammensetzungen** (Kompositionstypen) sind:

- **adjektivische Komposita**
  - Substantiv + Adjektiv — *grasgrün, himmelblau, wasserscheu*
  - Adjektiv + Adjektiv — *hellgrün, dickflüssig, hochdeutsch*
- **verbale Komposita**
  - Adverb + Verb — *zusammenbinden, herunterkommen*
  - Adjektiv + Verb — *großschreiben, warmlaufen, schwarzfahren*
- **substantivische Komposita**
  - Substantiv + Substantiv — *Autodach, Holzkopf, Leberschaden*
  - Adjektiv + Substantiv — *Flachdach, Schwarzbrot, Dummkopf*
  - Verb + Substantiv — *Schiebedach, Schwimmbecken, Lesebuch*

2. Ableitung (Derivation)

▶ **7** Wörter werden auch mithilfe von Präfixen und / oder Suffixen gebildet. Diesen Vorgang nennt man **Ableitung** (= Derivation). Ableitungen lassen sich unter anderem unterscheiden nach der Wortart:

- **substantivische Ableitung**
  - Maskulinum — *Tepp-ich, Hon-ig, Fies-ling*
  - Femininum — *Liefer-ung, Heiter-keit, Rein-heit, Meister-schaft, Schreiner-ei, Reiter-in*
  - Neutrum — *Mäd-chen, Männ-lein, Drit-tel, Ritter-tum*
- **adjektivische Ableitung** — *mensch-lich, freud-ig, trink-bar, ein-sam, scherz-haft, kind-isch, gläs-ern*
- **verbale Ableitung** — *ver-kaufen, er-hellen, ab-reisen, distanz-ieren*

3. Verbzusatz

▶ **8** **Verbzusätze** nennt man freie Morpheme, die mit einem Verb eine Ableitung oder eine (rechtschreibrelevante) Zusammensetzung bilden.

Verbzusätze sind vom Verbstamm im Satz trennbar, sind aber keine Satzglieder. Der Verbzusatz bildet mit dem flektierten Prädikatsteil eine Art Rahmen oder Klammer um die übrigen Satzglieder. Man spricht deshalb auch von **Satzklammer**.

Er fährt die Person um. (Aber: *Er umfährt die Person.*)
Sie bindet die Sachen mit einer Schnur zusammen.
Sie reisten, nachdem sie die Koffer gepackt und sich verabschiedet hatten, ab. (Aber: *Sie verreisten, nachdem sie … verabschiedet hatten.*)

4. Substantivierung

▶ 9 **Substantivierung** ist die wichtigste Form der Wortableitung durch Wortartenwechsel ohne Zusammensetzung mit anderen Wörtern oder einer Ableitung durch Morpheme. Man spricht auch von Nullableitung:

• **Verb**	
Infinitiv	*sein Schnarchen, das Rufen, beim Drücken*
Partizip I	*die Ertrinkenden, der Hoffende*
Partizip II	*die Geretteten, die Geliebte, die Graduierten*
• **Adjektiv**	*etwas Schönes, alles Gute, ins Grüne fahren*
• **Adverb**	*das ständige Hin und Her, das Durcheinander*
• **Pronomen**	*ein gewisses Etwas, das Seine tun, das Du anbieten, dieses ewige Vielleicht*
• **Numerale**	*am Ersten jeden Monats, eine Sechs würfeln, eine Eins schreiben, ein Achtel Wein trinken*
• **Konjunktion**	*ohne Wenn und Aber, das ausschließende Oder*
• **Präposition**	*im Aus stehen, ein stetes Auf und Ab*
• **Interjektion**	*mit Ach und Krach, sein lautes Aua*

5. Kürzung

▶ 10 Die Bildung von Abkürzungen und Kurzwörtern, die wie Wörter benutzt und flektiert werden, nennt man **Kürzung**.

• **Kurzwörter** (z. B.: Bus ← Omnibus, Chauvi ← Chauvinist, Prof ← Professor, Kita ← Kindertagesstätte)	*das Buch meines Profs* *Die Stadt will dieses Jahr zwei neue Kitas eröffnen.*
• **Abkürzungen** (z. B.: LKW ← Lastkraftwagen, Ufo ← unbekanntes Flugobjekt, PC ← personal computer)	*die Festplatte meines PC's* *Die Existenz von Ufos wird immer wieder einmal behauptet.*

Wortarten

Übersicht

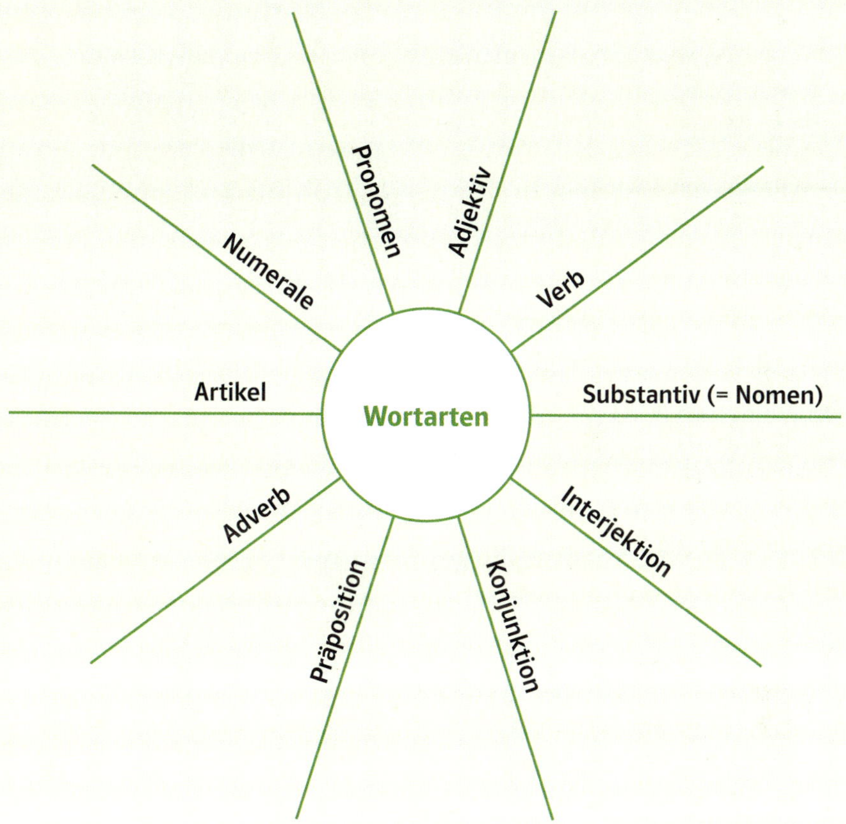

11 Die Wörter einer Sprache lassen sich verschiedenen Klassen zuordnen, den so genannten **Wortarten**. Drei Kriterien sind bei dieser Einteilung zu beachten:

- **morphologische Kriterien** (betrifft die Veränderbarkeit von Wörtern mithilfe grammatischer Morpheme; im engeren Sinne die **Formen** einer Wortart)

  Verben sind z. B. konjugierbar; Substantive sind deklinierbar, aber nicht steigerbar; Adverbien sind unveränderlich

- **semantische Kriterien** (betrifft die Bedeutung von Wörtern)

  Substantive können z. B. Dinge bezeichnen, Adjektive Eigenschaften

- **syntaktische Kriterien** (betrifft das Verhältnis zu anderen Wörtern im Satz)

  Adjektive können z. B. bei Substantiven stehen und passen sich dann in der Flexion ihnen an; manche Verben verlangen ein bestimmtes Objekt

1. Verben

1.1 Semantische und syntaktische Beschreibung

▶ **12** **Verben** (= Zeit- oder Tätigkeitswort) beschreiben Handlungen, Vorgänge oder Zustände. Entsprechend unterscheidet man:

- **Handlungsverben** (jemand führt eine Handlung aus) — *arbeiten, schreien, töten, turnen, spielen, wandern, zerbrechen*
- **Vorgangsverben** (jemand oder etwas erfährt eine Veränderung) — *fallen, einschlafen, erfrieren, wachsen, verfaulen, erblinden*
- **Zustandsverben** (jemand oder etwas ist in einem Zustand, erfährt keine Veränderung) — *liegen, bleiben, wohnen, leben, sein, umgeben, sich befinden, stehen*

▶ **13** Verben lassen sich unter anderem nach ihrem Verhältnis zu anderen Verben im Prädikat sowie nach ihrem Verhältnis zum Subjekt bzw. zum Objekt näher klassifizieren.

Verhältnis zu anderen Verben im Prädikat:

- **Vollverben** (bilden, ggf. mit einem Verbzusatz, das alleinige Prädikat im Satz) — *Sie fragen am Bahnhof nach dem Weg. Eine freundliche Dame erklärt ihnen den Weg.*
- **Hilfsverben** (*haben, sein, werden*: bilden mit dem Infinitiv oder Partizip eines Verbs Tempus- und Passivformen) — *Sie werden am Bahnhof nach dem Weg fragen. Sie haben nach dem Weg gefragt. Sie ist nach dem Weg gefragt worden.*
- **Modalverben** (*dürfen, können, mögen, müssen, sollen, wollen*: bilden mit einem Infinitiv ohne *zu* das Prädikat) — *Sie müssen bald kommen. Er darf heute nicht schwimmen. Sie möchten ins Kino gehen.*
- **modifizierende Verben** (bilden mit einem Infinitiv mit *zu* das Prädikat) — *Er braucht heute gar nicht zu kommen. Sie scheint ihn ganz gut zu kennen.*

Verhältnis zum Subjekt bzw. zum Objekt:

- **reflexive Verben** (beziehen sich mit einem Reflexivpronomen, s. ▶ 62, auf das Subjekt zurück) — *Ich bedanke mich bei ihr ganz herzlich. Du wäschst dich heute ja besonders gründlich.*
- **transitive Verben** (können mit einem Akkusativobjekt stehen, das im Passiv zum Subjekt wird) — *Ich schicke den Brief mit der Post. → Der Brief wird mit der Post geschickt. Wir erwarten Klaus jeden Moment. → Klaus wird jeden Moment erwartet.*
- **intransitive Verben** (können grundsätzlich nicht mit einem Akkusativobjekt stehen) — *denken, helfen, warten, fallen, reisen, streben, wachsen, ruhen, sterben*

1.2 Formen

▶ **14** Die **Grundform** des Verbs trägt keine Personenkennzeichnung. Man spricht auch von **infiniten** (= unbestimmten) **Verbformen**:

- **Infinitiv** (= Grundform, Nennform), wird vom Verbstamm mit dem Morphem „-(e)n“ gebildet — *geh-en, studier-en, ankomm-en, lächel-n, mecker-n, tu-n, sei-n*
- **Partizip I** (= Mittelwort der Gegenwart), wird vom Verbstamm durch Anhängen des Morphems „-(e)nd“ gebildet — *geh-end, studier- end, ankomm- end, lächel-nd, mecker-nd, tu-end, sei-end*
- **Partizip II** (= Mittelwort der Vergangenheit), wird vom Verbstamm durch Anhängen der Morpheme „-(e)t“ oder „-(e)n“ gebildet sowie durch Voranstellen des Morphems „ge-“ (bei Verben, die auf der ersten Silbe betont werden) — *ge-gang-en, studier-t, an-ge-komm-en, ge-lächel-t, ge-mecker-t, ge-ta-n, ge-wes-en*

▶ **15** Die **Personalform** des Verbs trägt eine Personenkennzeichnung (= **finite** oder **konjugierte Verbform**). Die Personalformen sind nach Person, Numerus, Tempus, Handlungsart und Modus bestimmt.

Formen	Indikativ Aktiv	Indikativ Passiv	Konjunktiv Aktiv	Konjunktiv Passiv
Präsens	*ich sehe*	*ich werde gesehen*	*ich sehe / sähe*	*ich werde / würde gesehen*
Perfekt	*ich habe gesehen*	*ich bin gesehen worden*	*ich habe / hätte gesehen*	*ich sei gesehen worden*
Präteritum	*ich sah*	*ich wurde gesehen*	*ich sähe*	*ich würde gesehen*
Plusquamperfekt	*ich hatte gesehen*	*ich war gesehen worden*	*ich hätte gesehen*	*ich wäre gesehen worden*
Futur I	*ich werde sehen*	*ich werde gesehen werden*	*ich werde / würde sehen*	*ich werde / würde gesehen werden*
Futur II	*ich werde gesehen haben*	*ich werde gesehen worden sein*	*ich werde gesehen haben*	*ich werde / würde gesehen worden sein*

16 Hilfsverben *sein, haben, werden*

Formen	Indikativ	Konjunktiv I	Konjunktiv II
Präsens	*er ist/hat/wird*	*er sei/habe/werde*	
Perfekt	*er ist gewesen* *sie hat gehabt* *es ist geworden*	*er sei gewesen* *sie habe gehabt* *es sei geworden*	
Präteritum	*sie war/hatte/wurde*		*sie wäre/hätte/würde*
Plusquam-perfekt	*er war gewesen* *sie hatte gehabt* *es war geworden*		*er wäre gewesen* *sie hätte gehabt* *es wäre geworden*
Futur I	*er wird sein* *sie wird haben* *es wird werden*	*er werde sein* *sie werde haben* *es werde werden*	*er würde sein* *sie würde haben* *es würde werden*
Futur II	*er wird gewesen sein* *sie wird gehabt haben* *es wird geworden sein*	*er werde gewesen sein* *sie werde gehabt haben* *es werde geworden sein*	*er würde gewesen sein* *sie würde gehabt haben* *es würde geworden sein*

17 Modalverben *dürfen, können, mögen, müssen, sollen, wollen*

Formen	dürfen	können	mögen	müssen	sollen	wollen
Präsens	*ich darf* *du darfst*	*ich kann* *du kannst*	*ich mag* *du magst*	*ich muss* *du musst*	*ich soll* *du sollst*	*ich will* *du willst*
Konjunktiv I	*ich dürfe* *du dürfest*	*ich könne* *du könnest*	*ich möge* *du mögest*	*ich müsse* *du müssest*	*ich solle* *du sollest*	*ich wolle* *du wollest*
Präteritum	*ich durfte* *du durftest*	*ich konnte* *du konntest*	*ich mochte* *du mochtest*	*ich musste* *du musstest*	*ich sollte* *du solltest*	*ich wollte* *du wolltest*
Konjunktiv II	*ich dürfte* *du dürftest*	*ich könnte* *du könntest*	*ich möchte* *du möchtest*	*ich müsste* *du müsstest*	*ich sollte* *du solltest*	*ich wollte* *du wolltest*

18 Modalverben bilden das **Perfekt** mit einer Form von *haben* + Partizip II.

Er hat das so gewollt.
Sie haben das einfach nicht gekonnt.

Regiert das Modalverb den Infinitiv eines Vollverbs, steht statt des Partizips mit „ge-" und „-t" des Modalverbs der Infinitiv des Modalverbs.

Er hat das so tun wollen. (Statt: **Er hat das so tun gewollt.*)
Sie haben das nicht verstehen können. (Statt: **Sie haben das nicht verstehen gekonnt.*)

1.3 Tempora (Zeitstufen)

▶ **19** Im Deutschen gibt es sechs **Tempora** (= Zeitstufen), von denen das Präsens und das Präteritum eigene Formen haben, während die übrigen Tempora mit Hilfsverben gebildet werden.

Zeitverlauf →

Vergangenheit			**Sprechzeitpunkt Gegenwart**	**Zukunft**		
Plusquamperfekt	**Präteritum**	**Perfekt**	**Präsens**	**Futur I**	**Futur II**	**Futur I**
*Nachdem ich mich fertig **gemacht hatte**, →*	***ging** ich in die Schule.*	*Ich **bin** in die Schule **gegangen**. →*	*Jetzt **habe** ich Unterricht.*	*Am Nachmittag **werde** ich Hausaufgaben **machen**. →*	*Sobald ich die Aufgaben **erledigt haben werde**, →*	***werde** ich Maren **besuchen**.*

Bei der Tempusbildung ist dabei zu unterscheiden zwischen:

- **schwachen** (oder: regelmäßigen) **Verben**, bei denen der Wortstamm in allen Tempora gleichbleibt — *ich lebe, ich lebte, ich habe gelebt* / *er liebt, er liebte, er hat geliebt* / *wir meinen, wir meinten, wir haben gemeint*
- **starken** (oder: unregelmäßigen) **Verben**, bei denen der Wortstamm in manchen Tempora Ablautstufen bildet (= Stammformen) — *ich singe, ich sang, ich habe gesungen* / *du lügst, du logst, du hast gelogen* / *es sinkt, es sank, es ist gesunken*

▶ **20 Präsens**

Das Präsens (= Gegenwartsform) wird gebraucht, um:

- ein gerade ablaufendes Geschehen zu bezeichnen — *Ich lese (gerade) ein Buch.* / *Hier kommt Klaus ja (gerade).*
- eine allgemeingültige Tatsache zu bezeichnen — *Eins plus eins ergibt zwei.*
- einen sich immer wiederholenden Vorgang zu bezeichnen — *Die Tagesschau kommt (immer) um 20 Uhr.* / *Morgens sehen wir nie fern.*
- ein zukünftiges Geschehen zu bezeichnen — *Morgen spielt die Borussia zuhause.*
- ein vergangenes Geschehen zu bezeichnen (historisches bzw. erzählendes Präsens) — *1918 endet der Erste Weltkrieg.* / *Ich war gerade aufgestanden, da klingelt schon das Telefon.*

Das Präsens wird mit dem Wortstamm des Verbs und den so genannten Personalendungen gebildet.

ich frag-e	*wir frag-en*
du frag-st	*ihr frag-t*
er, sie, es frag-t	*sie frag-en*

▶ 21 Perfekt

Das Perfekt (= vollendete Gegenwartsform) wird gebraucht, um:

- die Verbindung von der Vergangenheit zur Gegenwart des Sprechers herzustellen

Ich habe gerade gegessen (und bin jetzt fertig damit).

- in Verbindung mit dem Präsens die Vorzeitigkeit auszudrücken

Nachdem wir gekocht haben, können wir (jetzt) essen.

Das Perfekt ersetzt in der gesprochenen Sprache außerdem häufig eine Form im Präteritum.

Gestern haben wir Fisch gegessen. (Statt: *Gestern aßen wir Fisch.*)

Das Perfekt wird mit einer Form von ***haben*** oder ***sein*** (vor allem bei Verben der Fortbewegung) und dem Partizip II eines Vollverbs gebildet.

ich habe gefragt – bin gegangen
du hast gefragt – bist gegangen
er, sie, es hat gefragt – ist gegangen
wir haben gefragt – sind gegangen
ihr habt gefragt – seid gegangen
sie haben gefragt – sind gegangen

▶ 22 Präteritum

Das Präteritum (= Vergangenheitsform) wird gebraucht, um Vorgänge zu bezeichnen, die in der Vergangenheit abgeschlossen sind, bzw. um auf Vergangenes zu verweisen.

In einem unscheinbaren Dörfchen am Rhein saß eines Abends, als es schon dunkeln wollte, ein armer, junger Mann, ein Weber, noch an dem Webstuhl und dachte …

Das Präteritum wird vom Wortstamm des Verbs und den Personalendungen gebildet. Starke Verben haben hierbei einen eigenen Stamm, bei schwachen Verben wird ein **„t" als Tempuskennzeichen** zwischen Stamm und Personalendung eingefügt.

*ich frag-***t***-e – ging*
*du frag-***t***-est – ging-st*
*er, sie, es frag-***t***-e – ging*
*wir frag-***t***-en – ging-en*
*ihr frag-***t***-et – ging-t*
*sie frag-***t***-en – ging-en*

▶ 23 Plusquamperfekt

Das Plusquamperfekt (= vollendete Vergangenheitsform) wird gebraucht, um mit dem Präteritum die Vorzeitigkeit in der Vergangenheit auszudrücken.

Noch bevor er mich gesehen hatte, war ich weg.
Er ging sofort, nachdem er sich bedankt hatte.

Das Plusquamperfekt wird mit einer Präteritumform von ***haben*** oder ***sein*** und dem Partizip II eines Vollverbs gebildet.

ich hatte gefragt – war gegangen
du hattest gefragt – warst gegangen
er, sie, es hatte gefragt – war gegangen
wir hatten gefragt – waren gegangen
ihr hattet gefragt – wart gegangen
sie hatten gefragt – waren gegangen

▶ 24 Futur I

Das Futur I (= vollendete Zukunftsform) wird gebraucht, um:

- einen künftigen Vorgang bzw. Zustand zu bezeichnen — *Die Veranstaltung wird nächstes Jahr wieder stattfinden.*
- Vermutungen oder Erwartungen auszudrücken — *Das Essen wird ihnen bestimmt schmecken.* *Sie werden hoffentlich bald kommen.*

Das Futur I wird mit einer Form von *werden* und dem Infinitiv eines Vollverbs gebildet.

ich werde fragen	*wir werden fragen*
du wirst fragen	*ihr werdet fragen*
er, sie, es wird fragen	*sie werden fragen*

▶ 25 Futur II

Das Futur II (= vollendete Zukunftsform) wird gebraucht, um:

- ein Geschehen in der Zukunft als abgeschlossen zu bezeichnen (in der Regel als Vermutung) — *Paul wird das wohl schon gemacht haben.*
- in Verbindung mit dem Futur I (oder dem Präsens) die Vorzeitigkeit in der Zukunft auszudrücken — *Wenn du nicht pünktlich um 20 Uhr hier sein wirst (bist), werden Sven und Lisa wohl schon wieder gegangen sein.*

Das Futur II wird mit einer Form von *werden*, dem Partizip II eines Vollverbs und *haben* oder *sein* gebildet.

ich werde gefragt haben – gegangen sein
du wirst gefragt haben – gegangen sein
er, sie, es wird gefragt haben – gegangen sein
wir werden gefragt haben – gegangen sein
ihr werdet gefragt haben – gegangen sein
sie werden gefragt haben – gegangen sein

1.4 Die Handlungsarten (Genera verbi)

▶ 26 Genera verbi

Im Deutschen unterscheidet man zwei **Handlungsarten** (= Genera verbi):

- Im **Aktiv** (= Tätigkeitsform) wird ein Geschehen oder eine Handlung vom Verursacher aus dargestellt. Der Handelnde (der / die / das Aktive) ist zugleich das Subjekt des Satzes. — *Die Schüler lesen im Unterricht zusammen einen Roman.* *Das Feuer zerstörte die alten Uferhäuser.*
- Im **Passiv** (= Leideform) wird eine Handlung vom Betroffenen (der / die / das Passive) aus dargestellt. Der Verursacher der Handlung oder des Geschehens kann ungenannt bleiben (= unpersönliches Passiv) oder mithilfe der Präpositionen *von* oder *durch* angeschlossen werden (= persönliches Passiv). — *Im Unterricht wird [von den Schülern] ein Roman gelesen.* *Die alten Uferhäuser wurden [durch ein Feuer] zerstört.* *Von den Schülern wird viel gelesen.* (= subjektloser Passivsatz)

▶ **27** Neben dem ***werden***- oder **Vorgangspassiv** (z. B. *ein Plan wird gefasst*) gibt es im Deutschen auch ein ***sein***- oder **Zustandspassiv**, das mit einer Personalform von *sein* und dem Partizip II eines Vollverbs gebildet wird (z. B. *ein Plan ist gefasst, ein Plan war gefasst*).

Formen	**Aktiv**	**Vorgangspassiv**	**Zustandspassiv**
Präsens	*ich frage*	*ich werde gefragt*	*ich bin gefragt*
Perfekt	*du hast gefragt*	*du bist gefragt worden*	*du bist gefragt gewesen*
Präteritum	*er, sie, es fragte*	*er, sie, es wurde gefragt*	*er, sie, es war gefragt*
Plusquamperfekt	*wir hatten gefragt*	*wir waren gefragt worden*	*wir waren gefragt gewesen*
Futur I	*ihr werdet fragen*	*ihr werdet gefragt werden*	*ihr werdet gefragt sein*
Futur II	*sie werden gefragt haben*	*wir werden gefragt worden sein*	*wir werden gefragt gewesen sein*

1.5 Die Aussageweisen (Modi)

▶ **28** Im Deutschen werden drei **Modi** (= Aussageweisen) unterschieden:

- **Imperativ** (= Befehlsform) — *Steh auf!*
- **Indikativ** (= Wirklichkeitsform) — *Er steht auf.*
- **Konjunktiv** (= Möglichkeitsform) — *Wenn er doch nur aufstünde / aufstehen würde!*

▶ **29** **Imperativ**

Mit Verbformen im Imperativ können Aufforderungen oder Verbote (bzw. Wünsche) ausgedrückt werden (s. ▶ 115).

Steh jetzt sofort auf!
Steh jetzt bloß nicht auf!
Ach, steh doch bitte auf!

Der Imperativ hat zwei Vertraulichkeitsformen für die 2. Person Singular und Plural sowie eine Höflichkeitsform.

frage, komm, steh, lass, sage
fragt, kommt, steht, lasst, sagt
fragen Sie, kommen Sie, stehen Sie

Neben der Verwendung des Imperativs kann man Befehle bzw. Aufforderungen auf sprachlich ganz unterschiedliche Weise ausdrücken.

Du stehst jetzt auf! (= Aussagesatz)
Aufstehen! (= Infinitiv)
Aufgestanden! (= Partizip II)
Wirst du jetzt endlich aufstehen? (= Fragesatz)

▶ 30 Indikativ

Mit Verbformen im Indikativ werden Aussagen bzw. Sachverhalte als gegeben (wahr, real) gekennzeichnet. Dabei spielt es keine Rolle, ob die Aussagen in Wirklichkeit wahr oder real sind; die Realität wird dann vielmehr behauptet oder angenommen.

Sie wird sicher kommen.
Kommst du heute nicht?
Wer andern eine Grube gräbt, fällt selbst hinein.
Rotkäppchen hatte Angst.
Wenn ich erst reich bin, dann …

▶ 31 Konjunktiv I

Der Konjunktiv I dient hauptsächlich zur Kennzeichnung der **indirekten Rede**.

Der Angeklagte sagte, dass er unschuldig sei.
Der Angeklagte sagte: „Ich bin unschuldig." (direkte Rede, Verbform im Indikativ)

Beachte: Wenn der Sprecher Zweifel an der Wahrheit der Aussage hat, dann kann die Verbform im Konjunktiv II stehen.
(s. ▶ 33)

Der Angeklagte sagte, dass er unschuldig wäre / er wäre unschuldig.

Der Konjunktiv I wird außerdem verwendet bei Wunsch- und Aufforderungssätzen.

Edel sei der Mensch, hilfreich und gut. (Goethe)
Er lebe hoch! Mögen Sie noch lange leben!
Man nehme drei Eier und …

▶ 32 Formen

Tempus	Indikativ Aktiv	Konjunktiv I Aktiv	Konjunktiv I Passiv
Präsens	*ich frage* *du fragst* *ihr fragt*	*ich frage* *du fragest* *ihr fraget*	*ich werde gefragt* *du werdest gefragt* *ihr werdet gefragt*
Perfekt	*ich habe gefragt* *du hast gefragt* *ihr habt gefragt*	*ich habe gefragt* *du habest gefragt* *ihr habet gefragt*	*ich sei gefragt worden* *du sei(e)st gefragt worden* *ihr seiet gefragt worden*
Futur I	*ich werde fragen* *du wirst fragen* *ihr werdet fragen*	*ich werde fragen* *du werdest fragen* *ihr werdet fragen*	*ich werde fragen werden* *du werdest fragen werden* *ihr werdet fragen werden*
Futur II	*ich werde gefragt haben* *du wirst gefragt haben* *ihr werdet gefragt haben*	*ich werde gefragt haben* *du werdest gefragt haben* *ihr werdet gefragt haben*	*ich werde gefragt worden sein* *du werdest gefragt worden sein* *ihr werdet gefragt worden sein*

▶ 33 Konjunktiv II

Der Konjunktiv II dient:

- zur Kennzeichnung irrealer Sätze (so genannter Irrealis) — *Das wäre schön. An ihrer Stelle hätte ich das anders gemacht.*
- zur Kennzeichnung irrealer Konditionalsätze bzw. irrealer Satzgefüge — *Wenn ich reich wäre, flöge ich um die Welt. Auch wenn ich wollte, könnte ich nicht helfen.*
- zur Kennzeichnung von Vermutungen — *Das könnte / dürfte stimmen.*
- zur Kennzeichnung einer höflichen Bitte — *Würden Sie das tun?*
- als Ersatzform (s. ▶ 35) für den Konjunktiv I — *Er sagte, dass sie wahrscheinlich nicht zur Party kämen.*

▶ 34 Formen

Tempus	Indikativ Aktiv	Konjunktiv II Aktiv	Konjunktiv II Passiv
Präteritum	*ich fragte* *du fragtest* *ihr fragtet*	*ich fragte, sähe* *du fragtest. sähest* *ihr fragtet, sähet*	*ich würde gefragt* *du würdest gefragt* *ihr würdet gefragt*
Plusquamperfekt	*ich hatte gefragt* *du hattest gefragt* *ihr hattet gefragt*	*ich hätte gefragt* *du hättest gefragt* *ihr hättet gefragt*	*ich wäre gefragt worden* *du wär(e)st gefragt worden* *ihr wär(e)t gefragt worden*

▶ 35 Ersatzformen

In der indirekten Rede kommt es häufig vor, dass Verbformen der verschiedenen Modi sich nicht unterscheiden und identisch sind. In diesem Fall werden **Ersatzformen** verwendet:

Indikativ Präsens	Konjunktiv I	Indikativ Präteritum	Konjunktiv II	*würde*-Umschreibung
du rennst	*du rennest*			
ich fliege	*= ich fliege →*	*ich flog*	***ich flöge***	
ich renne	*= ich renne →*	*ich rannte*	*= ich rannte →*	***ich würde rennen***

Im einfachsten Fall ist die Verbform im Konjunktiv I von der Verbform im Indikativ Präsens unterschieden (*du rennst – du rennest*). Ist dies nicht der Fall (wie z. B. bei *ich fliege*), wird zunächst der Konjunktiv II als Ersatzform des Konjunktiv I verwendet (*ich fliege – ich flöge*). Ist auch der Konjunktiv II mit der Zeitform des Präteritums im Indikativ identisch (*ich rannte*), wird als Ersatzform die *würde*-Umschreibung (*ich würde rennen*) verwendet.

2. Substantive (= Nomen)

2.1 Semantische und syntaktische Beschreibung

36 Substantive oder Nomen (= Hauptwörter) beschreiben Lebewesen, Gegenstände oder Vorgestelltes bzw. Gedachtes. Entsprechend unterscheidet man:

- sinnlich wahrnehmbare Gegenstände (= **Konkreta**):
  - Eigennamen — *Goethe, Stefan, Bello* (= Eigennamen); *Pfalz, Berlin, Donau, Zugspitze, Frankreich* (= geografische Namen)
  - Gegenstandsbezeichnungen — *Tisch, Kind, Rose, Strohhalm*
  - Gattungsbezeichnungen — *Obst, Gepäck, Wald, Herde, Getreide, Haufen* (= Kollektiva, Sammelnamen); *Holz, Metall, Wolle* (= Stoffbezeichnungen)
- sinnlich nicht wahrnehmbare Erscheinungen bzw. Eigenschaften (= **Abstrakta**) — *Theorie, Chemie, Liebe, Hoffnung, Ankunft, Abfahrt, Schönheit, Härte, Verwandtschaft*

37 Substantive können in der Regel einen Artikel sowie ein Adjektiv vor sich und weitere Substantive mit Artikel und Adjektiven hinter sich haben. Dies ist bei den Pronomen, die Substantive ersetzen können, nicht der Fall:

Substantiv kann erweitert werden	Pronomen kann nicht erweitert werden
Ich treffe meinen alten Onkel.	*Ich treffe ihn.*
Mein Onkel ist zugleich ein Freund der Mutter einer guten, alten Bekannten.	*Mein Onkel ist zugleich ein Freund von ihr.*

2.2 Formen

38 Substantive sind bestimmt nach **Numerus**, **Genus** und **Kasus** und können entsprechend verändert, d.h. dekliniert werden. Artikel und Adjektive, die bei einem Substantiv stehen, sind wie das Substantiv in gleicher Weise nach Numerus, Genus und Kasus bestimmt, sind also mit dem Substantiv kongruent:

Kongruenz bei Artikel und / oder Adjektiv und Substantiv — *ein guter Mann, einem guten Mann*; *eine gute Frau, einer guten Frau*; *ein gutes Kind, einem guten Kind*

39 **Numerus:** Die meisten Substantive können im **Singular** (= Einzahl) und im **Plural** (= Mehrzahl) stehen. Einige wenige Substantive kommen dagegen nur im Singular bzw. nur im Plural vor. Man unterscheidet:

• **Singularwort** nennt man Substantive, die nur im Singular vorkommen	*Bevölkerung, Gepäck, Obst, Polizei, Personal, Verwandtschaft, Kupfer, Wolle, Hoffnung, Neid, Musik, Fleiß, das Rot, das Lachen*
• **Pluralwort** nennt man Substantive, die nur im Plural vorkommen	*Alpen, Niederlande, Ferien, Pocken, Röteln, Kosten, Spesen, Teigwaren, Lebensmittel, Memoiren, Trümmer, Eltern, Leute*

▶ **40** **Genus** nennt man das grammatische Geschlecht (Maskulinum: männlich; Femininum: weiblich; Neutrum: sächlich) eines Substantivs; davon zu unterscheiden ist das natürliche Geschlecht (= **Sexus:** Maskulinum, Femininum).

Abweichungen zwischen Sexus und Genus gibt es v.a. bei den Diminutiva (= Verkleinerungsformen) sowie bei grammatisch neutralen Personenbezeichnungen.	*das Mäd-chen, das Männ-lein* *das Mitglied* (ist entweder eine Frau oder ein Mann)
In der Regel sind im Deutschen Personenbezeichnungen maskulin und werden im Femininum mit dem Morphem „-in" bzw. „-frau" abgleitet. Ausnahmen sind feminine Personenbezeichnungen sowie Wörter, die nicht mit „-in" abgeleitet werden können.	*Richter, Richter-in; Arzt, Ärzt-in* *Kaufmann, Kauf-frau; Krankenschwester* (Aber nicht: **Krankenbruder*) *Witwe, Witwe-r, Hexe, Hexe-rich* *der Gast* (Aber nicht: *die *Gastin / *Gästin*) *der Feigling* (Aber nicht: *die *Feiglingin*)

▶ **41** Der **Kasus** (= Fall) zeigt an, welche Rolle ein Substantiv im Satz oder innerhalb eines Satzgliedes einnimmt. Man unterscheidet:

Nominativ	1. Fall	**Frage:** Wer oder was?
Genitiv	2. Fall	**Frage:** Wessen?
Dativ	3. Fall	**Frage:** Wem?
Akkusativ	4. Fall	**Frage:** Wen oder was?

▶ **42** **Deklinationstypen:** Bei der Deklination der Substantive lassen sich acht wichtige Typen unterscheiden, die man mithilfe der Formen Genitiv Singular und Nominativ Plural bestimmen kann. Die beiden Formen werden in jedem Wörterbuch angegeben.

	Typ -(e)s	**Typ -Ø**	**Typ -(e)n**
Genitiv Singular	*des Lehrers (Maskulinum = m)* *des Bettes (Neutrum = n)*	*der Frau-Ø (Femininum = f)* *der Maus-Ø (f)*	*des Kunden (m)* *des Menschen (m)*

Im Nominativ Plural kommt es bei manchen Wörtern außerdem zu einem **Umlaut** beim Stammvokal.

	Typ -s	Typ -(e)n	Typ -Ø	Typ -er	Typ -e
Nominativ Plural	*die Parks (m)* *die Autos (n)*	*die Boten (m)* *die Menschen (m)*	*die Kabel-Ø (n)* *die Koffer-Ø (m)* *die Vögel-Ø (m)*	*die Bilder (n)* *die Geister (m)* *die Wälder (m)*	*die Tage (m)* *die Beine (n)* *die Nüsse (f)*

3. Adjektive

3.1 Semantische und syntaktische Beschreibung

▶ **43** **Adjektive** (= Eigenschafts- oder Wie-Wort) haben eine bedeutungsdifferenzierende Funktion, indem sie das Aussehen, den Zustand, das Verhalten oder die Eigenschaften von Lebewesen oder (abstrakten) Dingen bezeichnen.

▶ **44** Das Adjektiv kann zwei Positionen im Satz einnehmen:

- als Attribut (s. ▶ 108) zwischen Artikel bzw. Artikelwort und Substantiv bzw. Nominalisierung — *die … Musik → die schöne Musik*; *unser … Singen → unser schönes Singen*
- als Prädikatsteil nach einem Hilfsverb (= prädikativer Gebrauch) — *die Musik ist … → die Musik ist schön*; *unser Singen ist … → unser Singen ist schön*

▶ **45** Als Attribut stimmt das Adjektiv dabei in Kasus, Numerus und Genus mit dem Artikel und dem Substantiv überein.

▶ **46** Das Adjektiv kann:

- **substantiviert** werden — *Das **Schöne** an unserer Musik ist …*
- wie ein Adverb gebraucht werden (= Adjektivadverb) — *Sie singen sehr schön.*

3.2 Formen

▶ **47** Die **Deklination** des Adjektivs richtet sich nach dem Artikel bzw. dem Artikelwort. Man unterscheidet drei Fälle:
(1) Das Adjektiv steht zwischen dem bestimmten Artikel und dem Substantiv.

	Maskulinum	Neutrum	Femininum
Nom. Sing.	*der große Kampf*	*das große Rätsel*	*die große Sorge*
Gen. Sing.	*des großen Kampfs*	*des großen Rätsels*	*der großen Sorge*
Dat. Sing.	*dem großen Kampf*	*dem großen Rätsel*	*der großen Sorge*
Akk. Sing.	*den großen Kampf*	*das große Rätsel*	*die große Sorge*

In allen Kasus im Plural wird das Adjektiv beim Fall (1) mit der Form „großen" dekliniert.

(2) Das Adjektiv steht ohne Artikelwort (= Nullartikel).

	Maskulinum	**Neutrum**	**Femininum**
Nom. Sing.	*großer Kampf*	*großes Rätsel*	*große Sorge*
Gen. Sing.	*großen Kampf*	*großen Rätsels*	*großer Sorge*
Dat. Sing.	*großem Kampf*	*roßem Rätsel*	*großer Sorge*
Akk. Sing.	*großen Kampf*	*großes Rätsel*	*große Sorge*
Nom. Plur.	*große Kämpfe*	*große Rätsel*	*große Sorgen*
Gen. Plur.	*großer Kämpfe*	*großer Rätsel*	*großer Sorgen*
Dat. Plur.	*großen Kämpfen*	*großen Rätseln*	*großen Sorgen*
Akk. Plur.	*große Kämpfe*	*große Rätsel*	*große Sorgen*

(3) Das Adjektiv steht nach einem unbestimmten Artikel oder einem Artikelwort (*mein, kein …*).

	Maskulinum	**Neutrum**	**Femininum**
Nom. Sing.	*kein großer Kampf*	*kein großes Rätsel*	*keine große Sorge*
Gen. Sing.	*keines großen Kampfes*	*keines großen Rätsels*	*keiner großen Sorge*
Dat. Sing.	*keinem großen Kampf*	*keinem großen Rätsel*	*keiner großen Sorge*
Akk. Sing.	*keinen großen Kampf*	*kein großes Rätsel*	*keine große Sorge*

In allen Kasus im Plural wird das Adjektiv beim Fall (3) mit der Form „großen" dekliniert.

▶ **48** **Komparation** (= Steigerung): Die meisten Adjektive können gesteigert werden. Man unterscheidet:

- **Grundform** (= Positiv) — *schön, alt, groß, schnell …* *Er ist so groß wie sie.*
- **Komparativ** (= 1. Steigerungsform) — *schön-er, ält-er, größ-er, schnell-er…* *Er ist größer als sie.*
- **Superlativ** (= 2. Steigerungsform) — *am schön-sten, am kält-esten, am ält-esten, am schnell-sten, am größ-ten …*
- **Elativ** (= absolute Steigerungsform) — *in größter Gefahr, bei schönstem Wetter …*

Unregelmäßig werden gesteigert: *gut – besser – beste; viel – mehr – meist; nah – näher – am nächsten; hoch – höher – am höchsten; wenig – weniger / minder – wenigste / mindeste*

▶ **49** **Beachte:** Es gibt auch Adjektive, die weder dekliniert noch gesteigert werden können:

- **nicht deklinierbar** sind
  - geografische Ableitungen auf -er — *die Frankfurter Würstchen*
  - einige Adjektive auf -a — *die lila Hemden, einige prima Ideen*
- **nicht steigerbar** sind manche Adjektive aufgrund ihrer Bedeutung — *tot, rund, schwanger, deutsch, einzig, optimal, ganz, schriftlich, ledig*

▶ **50** **Beachte:** Die Aufgaben eines Adjektivs können auch Partizipien erfüllen:

- das Partizip I — *die beruhigende Musik*
  die Musik ist beruhigend
- das Partizip II — *die neu komponierte Musik*
  die Musik ist / wurde neu komponiert

4. Numeralia

▶ **51** **Numeralia** (= Zahlwort; Singular: Numerale) werden manchmal aufgrund ihrer abweichenden Deklination, der fehlenden Komparation und ihrer abweichenden Satzfunktion (Numeralia können z.B. nicht adverbial gebraucht werden) als selbständige Wortart aufgeführt. Insgesamt jedoch weisen sie eine große Ähnlichkeit zu den Adjektiven auf, insbesondere können sie attributiv gebraucht werden (z.B. *die drei Männer, ein achtel Liter*).
Man unterscheidet:

- **als Hauptgruppen**
  - Kardinalzahlen (Grundzahlen) — *null, eins, zwei, drei*
  - Ordinalzahlen (Ordnungszahlen) — *erstens, zweitens, drittens*
- **als Untergruppen**
  - Gattungszahlen (bestimmt und unbestimmt) — *einerlei, zweierlei, dreierlei*; *allerlei, mancherlei, vielerlei*
  - Wiederholungs- (Iterativ-) und Vervielfältigungszahlen (Multiplikativzahlen) — *zweimal, dreimal*; *zweifach, dreifach*
  - Bruchzahlen — *drittel, viertel, achtel*

5. Artikel

5.1 Semantische und syntaktische Beschreibung

▶ **52** **Artikel** (= Geschlechtswort) sind fest mit einem Substantiv bzw. einer Substantivierung verbunden; sie stehen entweder direkt vor dem Substantiv oder vor einem vor dem Substantiv stehenden Adjektiv (z.B. *der Hund; der große, böse und laut bellende Hund*). Der Artikel ist mit dem Substantiv und ggf. dem Adjektiv kongruent. Man unterscheidet zwischen unbestimmten (*ein, eine, ein*) und bestimmten (*der, die, das*) Artikeln.

▶ **53** Die syntaktische Position des Artikels als Substantivbegleiter kann dabei auch von verschiedenen Pronomen eingenommen werden; man spricht dann auch von **Artikelwörtern**:

- Demonstrativpronomen — *dieser schlaue Mensch, jene Frau*
- Possessivpronomen — *dessen guter Hund, meine Tochter*
- Interrogativpronomen — *welch guter Geist, welche Frage*
- Indefinitpronomen — *einige wertvolle Stücke, irgendeine Frage*

▶ **54** Der Artikel hat drei wichtige Funktionen:

- Differenzierung nach Menge und Bestimmtheit
  Ich mag das Buch. – Ich mag ein Buch.
  Die Bücher stehen im Regal. – Ein Buch fehlt.
- Kennzeichnung von Genus (sowie Kasus und Numerus); dies betrifft nicht nur gleichnamige Substantive (= Homonyme), sondern alle Substantive, bei denen man das Geschlecht nicht aus einem Suffix (z. B. „-in") bzw. dem natürlichen Geschlecht ableiten kann
  der Ekel (Abscheu) – das Ekel (unangenehmer Mensch);
  ein Kiefer (Knochen) – eine Kiefer (Baum);
  der Tau (Niederschlag) – das Tau (Seil)
  der Löffel – die Gabel – das Messer
  der Tag – die Woche – das Jahr
- Verweis im Text zurück (= Anaphorik, ←) und nach vorn (= Kataphorik, →), d. h. der unbestimmte Artikel zeigt an, dass jemand oder etwas schon früher genannt wurde, und der bestimmte Artikel zeigt an, dass jemand oder etwas später noch genannt wird bzw. bisher nicht genannt wurde
  Vor vielen Jahren lebte ein (→) König. Der (←) König hatte eine (→) Tochter, die der (←) König über alles liebte. Eines Tages nun fand die (←) Königstochter einen (→) Ball. Der (←) Ball gefiel ihr sofort. Sie spielte damit lange und zeigte ihn endlich dem (←) König …

5.2 Formen

▶ **55 Bestimmter Artikel**

	Maskulinum Singular	Femininum Singular	Neutrum Singular	Plural für alle Genera
Nominativ	*der*	*die*	*das*	*die*
Genitiv	*des*	*der*	*des*	*der*
Dativ	*dem*	*der*	*dem*	*den*
Akkusativ	*den*	*die*	*das*	*die*

▶ **56 Unbestimmter Artikel**

	Maskulinum Singular	Femininum Singular	Neutrum Singular	Plural für alle Genera
Nominativ	*ein*	*eine*	*ein*	–
Genitiv	*eines*	*einer*	*eines*	–
Dativ	*einem*	*einer*	*einem*	–
Akkusativ	*einen*	*eine*	*ein*	–

6. Pronomen

6.1 Übersicht und syntaktische Beschreibung

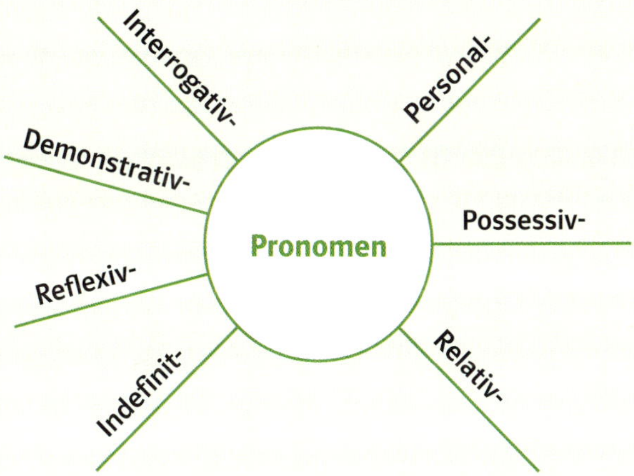

▶ **57 Pronomen** (= Fürwörter) können als Stellvertreter eines Substantivs (= Nomen) bzw. eines substantivischen Ausdrucks stehen, bilden aber gleichwohl eine uneinheitliche Wortklasse, da nicht alle Pronomen deklinierbar bzw. nur eingeschränkt deklinierbar sind und einige Pronomen außerdem als Artikelwort verwendet werden können.

Gebrauch als Artikelwort — *meine Zeitung; diese Zeitung; welche Zeitung liest du?; viele Zeitungen*

substantivischer Gebrauch — *die Zeitung ist mein(e); dies gefällt mir; welche meinst du?; man hat viele gesehen*

6.2 Arten

▶ **58** Das **Personalprononomen** wird nur substantivisch gebraucht; mit ihm kann man:

	Singular	**Plural**
über sich selbst sprechen	*ich*	*wir*
andere ansprechen	*du, Sie (höflich)*	*ihr, Sie (höflich)*
über andere bzw. anderes sprechen	*er, sie, es*	*sie*

▶ **59** Das Personalpronomen *es* nimmt dabei eine Sonderstellung ein. Anders als die anderen Personalpronomen kann es:

- einen ganzen Satz vertreten — *Silke hat schon wieder geraucht. Wir haben es genau gesehen.*
- als Entsprechung (= Korrelat) für einen Subjekt- oder Objektsatz im Hauptsatz erscheinen — *Es freut mich, dass ich dich treffe. Ich bedauere es sehr, dass Sie nicht kommen konnten.*
- bei unpersönlichen Verben die Subjektrolle einnehmen — *Es hat geklingelt. Es taut schon. Es blitzt und donnert.*
- als **Platzhalter** für ein Subjekt oder eine adverbiale Bestimmung die Erststellung im Aussagesatz einnehmen — *Ein Unglück ist passiert.* ***Es*** *ist ein Unglück passiert. Gestern ist ein Unglück passiert.* ***Es*** *ist gestern ein Unglück passiert.*

▶ **60** **Formen im Singular**

	1. Person	**2. Person neutral**	**2. Person höflich**	**3. Person Maskulinum**	**3. Person Femininum**	**3. Person Neutrum**
Nominativ	*ich*	*du*	*Sie*	*er*	*sie*	*es*
Genitiv	*meiner*	*deiner*	*Ihrer*	*seiner*	*ihrer*	*seiner*
Dativ	*mir*	*dir*	*Ihnen*	*ihm*	*ihr*	*ihm*
Akkusativ	*mich*	*dich*	*Sie*	*ihn*	*sie*	*es*

▶ 61 Formen im Plural

	1. Person	2. Person neutral	2. Person höflich	3. Person Maskulinum	3. Person Femininum	3. Person Neutrum
Nominativ	*wir*	*ihr*	*Sie*	*sie*	*sie*	*sie*
Genitiv	*unser*	*euer*	*Ihrer*	*ihrer*	*ihrer*	*ihrer*
Dativ	*uns*	*euch*	*Ihnen*	*ihnen*	*ihnen*	*ihnen*
Akkusativ	*uns*	*euch*	*Sie*	*sie*	*sie*	*sie*

▶ 62 Reflexivpronomen

Eine Sonderform des Personalpronomens ist das **Reflexivpronomen** (= rückbezügliches Fürwort). Mithilfe eines Reflexivpronomens wird das Geschehen auf das Subjekt des Satzes zurückbezogen.

Ich verschlucke mich.

Wir bedienen uns selbst.

Das Reflexivpronomen ist weitgehend formgleich mit dem Personalpronomen. Nur der Dativ und Akkusativ Singular und Plural haben die Form *sich*.

Er wäscht sich. (Singular)
Sie waschen sich. (Plural)
Sie hilft sich selbst. (Singular)
Sie helfen sich selbst. (Plural)

▶ 63 Demonstrativpronomen

Demonstrativpronomen (= hinweisende Fürwörter) werden verwendet, um auf etwas oder jemanden ausdrücklich hinzuweisen. Im Gespräch werden Demonstrativpronomen häufig durch Zeigegesten begleitet.

Es war der (da). Ich meine die (dort).
Es war dieser (da). Ich meine diese (dort).
Es war jener (da). Ich meine jene (dort).
Es war genau dieselbe, dasselbe, derselbe.
derjenige, diejenige, dasjenige

Demonstrativpronomen werden wie Artikel dekliniert, nur die Demonstrativpronomen *der, die* und *das* haben zum Teil abweichende Formen:

	Singular Maskulinum	Singular Femininum	Singular Neutrum	Plural für alle Genera
Nominativ	*der*	*die*	*das*	*die*
Genitiv	*dessen*	*deren*	*dessen*	*deren*
Dativ	*dem*	*der*	*dem*	*denen*
Akkusativ	*den*	*die*	*das*	*die*

▶ 64 Possessivpronomen

Das Possessivpronomen (= besitzanzeigendes Fürwort) zeigt Besitzverhältnisse an bzw. drückt Zusammengehörigkeiten aus.

Das Possessivpronomen ist aus dem Genitiv des Personalpronomens abgeleitet und wird wie ein Artikel dekliniert.

ich – mein; wir – uns (1. Person)
du – dein; ihr – euer; Sie – Ihr (2. Person)
er – sein; sie – ihr; es – sein; sie – ihr (3. Pers.)

Im Allgemeinen richtet sich das Possessivpronomen in Person, Genus und Numerus nach dem Besitzer, in den Endungen nach Kasus, Genus und Numerus nach dem Gegenstand des Besitzes.

Ich brauche keinen Stift, ich nehme meinen.
Ich brauche kein Heft, ich nehme meines.
Wir brauchen keine Tinte, wir nehmen unsere.
Er braucht keinen Stift, er nimmt seinen.
Sie braucht kein Heft, sie nimmt ihres.
Ihr braucht keine Tinte, ihr nehmt eure.

Tritt das Possessivpronomen als Artikelwort auf, zeigt es durch den Wortstamm den Besitzer an und richtet sich in Kasus, Numerus und Genus nach dem Bezugswort.

Ich nehme meinen Stift. Ich nehme meine Stifte.
Wir nehmen unser-Ø Heft. Wir nehmen unsere Hefte.
Sie nimmt ihr-Ø Heft. Sie nimmt ihre Hefte.

▶ 65 Interrogativpronomen

Interrogativpronomen (= Fragefürwörter) sind deklinierbar und leiten Satzgliedfragen (= Ergänzungsfragen) ein. Interrogativpronomen sind: *wer, was, was für einer, was für welche* und *welcher.*

Wer ist das? – Das ist unsere Lehrerin.
Welcher Schlüssel ist es? – Es ist der da.
Wem gehört das? – Das gehört ihm.
Was für ein Auto ist das? – Das ist ein neues Modell.

▶ 66 Beachte: Zu unterscheiden sind Interrogativpronomen von:

- **Interrogativadverbien**, die nicht deklinierbar sind — *wo, wann, weshalb, wie, warum, wie viel, wie lange, wie oft*
- **Relativpronomen**, die einen Nebensatz einleiten — *Er fragte ihn,* ***wer*** *das ist. Er ist ein Mensch,* ***welchem*** *nichts heilig ist.*

▶ 67 Indefinitpronomen

Indefinitpronomen (= unbestimmte Fürwörter) kennzeichnen oder vertreten Personen oder Sachen, deren Genus und / oder Numerus unbestimmt ist (*alle, niemand, jemand, man, mancher, jeder, niemand*). Die meisten Indefinitpronomen sind deklinierbar.

Manche Indefinitpronomen können nur substantivisch gebraucht werden.
Die meisten Indefinitpronomen können sowohl substantivisch als auch als Artikelwort gebraucht werden.

Man hat das so beschlossen.
Irgendwer hat wieder nicht abgeschlossen.
Etwas stimmt nicht. Wir brauchen etwas Lustiges.
Einige verstehen das nicht. Sie hat einige Erfahrung damit.

Die meisten Indefinitpronomen können als unbestimmte Zahlwörter verstanden werden und weisen dadurch eine große Ähnlichkeit mit Adjektiven auf (z. B.: *einzeln, wenig, viel, alle, zahllos, mehrere, ganz*).

68 Relativpronomen

Relativpronomen (= rückbezügliches Fürwort) sind formal identisch mit den Interrogativpronomen *welcher, wer* und *was* sowie mit dem Demonstrativpronomen *der* und stellen aus morphologischer und semantischer Sicht keine eigene Wortart dar. Aus syntaktischer Sicht kommt diesen Wörtern aber eine besondere Rolle zu.

Relativpronomen können einen Nebensatz einleiten und vertreten dann in der Regel im Nebensatz (= Relativsatz) ein Satzglied des übergeordneten Satzes.	*Der Film, der gestern anlief, war spannend.* *Das ist eine Frage, die / welche alle interessiert.* *Was sich liebt, das neckt sich.* *Wem das egal ist, der kann gleich zuhause bleiben.*

7. Adverbien

69 Adverbien (= Umstandswörter) gehören, wie die Konjunktionen, Präpositionen und Interjektionen auch, zu den nicht flektierbaren Wortarten, die manchmal auch als **Partikeln** (= Funktionswort, Singular: Partikel) bezeichnet werden. Nach der Stellung im Satz unterscheidet man:

• adverbiale Verwendung, d. h. dass das Adverb ein Verb näher bestimmt. **Beachte:** In dieser Funktion können auch Adjektive (oder Partizipien) stehen; man spricht dann von Adjektivadverbien.	*Die Frau lebt hier.* *Er liebt sie innig.* → *die innige Liebe* *Er liebt sie sehr.* (Aber nicht: *die *sehre Liebe*)
• prädikative Verwendung, d. h. das Adverb steht nach einem Hilfsverb	*Die Frau ist hier.* *Das wird anders.*
• attributive Verwendung, d. h. das Adverb bestimmt ein Substantiv	*Die Frau hier ist meine Tante.*
• Satzadverbien, d. h. das Adverb bezieht sich auf einen ganzen Satz	*Hoffentlich kommt der Zug pünktlich.* *Der Zug kommt sicher pünktlich.*

70 Semantische Untergruppen

Nach ihrer Bedeutung lassen sich vier Hauptgruppen von Adverbien unterscheiden:

• **Lokaladverbien**	
– des Ortes	*hier, da, dort, draußen, nirgends, irgendwo*
– der Richtung	*daher, hierhin, wohin, dahin, abwärts*

- **Temporaladverbien**
  - des Zeitpunktes — *heute, morgen, eben, schließlich, dann, wann*
  - der Zeitdauer — *immer, stets, bisher, bislang, niemals, noch*
  - der Wiederholung — *oft, selten, häufig, dienstags, abends*
  - der relativen Zeit — *seitdem, unterdessen, inzwischen, nachher*
- **Modaladverbien**
  - der Art und Weise — *anders, gern, genauso, so, wie, irgendwie*
  - des Grades oder des Maßes — *genug, halbwegs, zutiefst, sehr, überhaupt*
  - des Mittels — *dadurch, damit, womit, wodurch, hiermit*
  - der Erweiterung — *auch, außerdem, ferner, sonst, überdies*
  - der Einschränkung (= restriktives Adv.) und des Gegensatzes (= adversatives Adv.) — *immerhin, freilich, zumindest, soweit* / *doch, jedoch, dagegen, hingegen*
- **Kausaladverbien**
  - des Grundes (im engeren Sinne) — *also, darum, folglich, weshalb, warum*
  - der Bedingung (= konditionales Adv.) — *sonst, anderenfalls, schlimmstenfalls*
  - des Gegengrundes (= konzessives Adv.) — *trotzdem, gleichwohl, dennoch*
  - der Folge (= konsekutives Adv.) — *so, demzufolge, demnach*
  - des Zwecks (= finales Adv.) — *dazu, hierfür, hierzu, wozu, deswegen*

▶ 71 Syntaktische Untergruppen

Nach ihrer Funktion im Satz lassen sich weitere Untergruppen von Adverbien unterscheiden:

- **Pronominaladverbien** sind Verbindungen aus den Adverbien *da*, *hier* und *wo* mit einer Präposition (deshalb auch „Präpositionaladverbien“ genannt) und stehen, wie ein Pronomen, (meist) für ein präpositionales Gefüge.

  darauf, hierauf, worauf; daran, hieran, woran, daraus, hieraus, woraus

  Erinnerst du dich an den Film? – Erinnerst du dich an ihn. – Erinnerst du dich daran?

- **Konjunktionaladverbien** können die Funktion einer Konjunktion übernehmen und einen Nebensatz einleiten (*daher, trotzdem, mithin, folglich, deswegen, sonst*).

  Wir hatten Hunger, deshalb machten wir Pause.
  Wir hatten Hunger, wir machten deshalb Pause.

- **Relativadverbien** können die Funktion eines Relativpronomens übernehmen und einen Relativsatz einleiten.

  Du sollst gehen, wohin ich es dir sage.
  Sie wussten nicht, wie sie das machen sollten.
  Ich weiß nicht, woher er kommt / wo er ist.

- **Interrogativadverbien** können eine Ergänzungsfrage einleiten (*wo, wann, wie, warum, wie viel, weshalb*).

  Wann kommt er? – Er kommt um 17 Uhr.
  Wo lebt er? – In München.
  Weshalb kommt er nicht? – Er hat Angst.

8. Konjunktionen

▶ **72** **Konjunktionen** (= Bindewörter) verbinden Wörter, Wortgruppen, Satzglieder sowie Sätze. Ihrer Form nach unterscheidet man:

• einteilige Konjunktionen	*und, aber, sondern; weil, da, obwohl*
• mehrteilige Konjunktionen	*entweder … oder, sowohl … als auch; weder … noch; um … zu, statt … zu*

▶ **73** **Nebenordnende Konjunktionen** verbinden gleichrangige Wörter, Wortgruppen, Satzglieder oder Teilsätze miteinander. Ihrer Bedeutung nach unterscheidet man folgende Untergruppen:

• reihende Konjunktionen, die	
– in der Regel ohne Komma stehen	*und, sowie, sowohl … als auch / wie auch, weder … noch*
– mit Komma stehen	*nicht nur …, sondern auch*
• alternative Konjunktionen, die in der Regel ohne Komma stehen	*oder, entweder … oder, beziehungsweise (bzw.)*
• kausale Konjunktion *denn* (mit Komma), die einen Hauptsatz einleitet	*Klaus musste fast eine Stunde warten* (HS 1), ***denn** er hatte den ersten Bus verpasst* (HS 2).
• gegensätzliche (= adversative) Konjunktionen, die mit Komma stehen	*aber, doch, sondern, jedoch, allein*
• modale Konjunktionen	*das heißt, statt, anstatt*

▶ **74** **Unterordnende Konjunktionen** verbinden Haupt- und Nebensätze; entsprechend steht vor einer unterordnenden Konjunktion ein Komma. Nach ihrer Bedeutung unterscheidet man drei Hauptgruppen:

• **temporale Konjunktionen**	
– der Gleichzeitigkeit (*während, seitdem, solange, sobald, als, wenn*)	***Während** es dunkel ist, singen die Vögel nicht.*
– der Vorzeitigkeit (*nachdem, sobald, seitdem*)	***Nachdem** es dunkel geworden ist, singen die Vögel nicht mehr.*
– der Nachzeitigkeit (*bevor, ehe, bis*)	***Bis** es Tag wird, singen die Vögel nicht.*
• **modale Konjunktionen**	
– der Art und Weise (im engeren Sinn)	*indem, ohne dass, statt dass*
– der Einschränkung (= restriktive Konj.)	*soweit, insoweit, insofern*
– des Gegensatzes (= adversative Konj.)	*wohingegen, während*
– des Vergleichs (= komparative Konj.)	*wie, als, als ob, wie wenn*
– der Proportion	*je (… desto, … um so)*

- **kausale Konjunktionen**
  - des Grundes (im engeren Sinn) — *weil, da, zumal*
  - der Folge (= konsekutive Konj.) — *dass, so dass, als dass*
  - des Mittels (= instrumentale Konj.) — *indem*
  - der Bedingung (= konditionale Konj.) — *wenn, falls, sofern*
  - der Einräumung (= konzessive Konj.) — *obwohl, obgleich, obschon, wenngleich*
  - des Zwecks (= finale Konj.) — *damit, dass*

▶ 75 Satzteil- und Infinitivkonjunktionen

Satzteilkonjunktionen (*wie, als, desto, umso*) verbinden Satzglieder oder Satzgliedteile innerhalb eines Satzes. Satzteilkonjunktionen leiten keinen Nebensatz ein und stehen ohne Komma.

Er benimmt sich wie ein Kleinkind.
Peter ist so groß wie Jan. (= gleich)
Peter ist größer als Jan. (= ungleich)

Beachte: „Als" und „Wie" leiten häufig einen Nebensatz ein und stehen dann mit Komma.

Peter ist größer, als es Jan ist.
Peter ist so groß, wie ich mir Jan auch vorgestellt habe.

Infinitivkonjunktionen (*zu, um zu, ohne zu, statt zu, anstatt zu, außer zu*) verbinden Infinitive mit einem Satz. Erweiterte Infinitive mit *zu* sind satzwertig (s. ▶ 133, 134) und werden oft durch Kommata abgetrennt.

*Er versuchte **zu** helfen.*
(= einfacher Infinitiv)
*Er versuchte, ihm gleich **zu** helfen.*
(= erweiterter Infinitiv)
*Er kam, **um** ihm **zu** helfen.*
(= finaler Infinitiv)
*Er ging, **ohne** ihm **zu** helfen.*
(= modaler Infinitiv)

9. Präpositionen

▶ 76 Präpositionen (= Verhältniswörter) sind nicht deklinierbar, bestimmen aber den Kasus ihres Bezugswortes. Man unterscheidet:

- Präpositionen, die den Genitiv fordern (*während, laut, kraft, mittels, wegen, statt*) — ***unweit** des Hauses – **ungeachtet** seines Alters – **außerhalb** meines Bereiches*
- Präpositionen, die den Dativ fordern (*mit, bei, zu, entgegen, gemäß, aus, außer, von*) — ***binnen** Kurzem – **seit** Langem – **außer** dem Gesagten – **außer** ihm*
- Präpositionen, die den Akkusativ fordern (*bis, durch, für, gegen*) — ***ohne** ihn – **wider** den Zeitgeist – **bis** nächsten Montag – **durch** den Dschungel*
- Präpositionen, die entweder den Dativ (Ort – Wo?) oder den Akkusativ (Richtung – Wohin?) fordern (sog. Wechselpräpositionen: *an, zwischen, neben, in, über, unter*).

*Ich lege das Buch **auf** den Tisch.* (Richtung – Wohin?)
*Das Buch liegt **auf** dem Tisch.* (Ort – Wo?)
*Ich gehe **vor** das Kino.* (Richtung – Wohin?)
*Ich stehe **vor** dem Kino.* (Ort – Wo?)

▶ **77** In der Regel stehen die Präpositionen vor ihrem Bezugswort, einige Präpositionen können aber auch nach dem Bezugswort stehen.

*Wir waren **in** den Ferien.*
***Wegen** der Ferien sind wir ... Der Ferien **wegen** sind wir ... Der Einfachheit **halber** ...*

▶ **78** Präpositionen lassen sich außerdem nach ihrer Bedeutung in vier Untergruppen teilen:

- lokale Präpositionen kennzeichnen Verhältnisse des Raumes — *vor, in, aus, entlang, nahe, inmitten, jenseits, längs, neben, oberhalb, unweit, außerhalb*
- temporale Präpositionen kennzeichnen Verhältnisse der Zeit — *binnen, bis, seit, während, vor, nach, zwischen, innerhalb, für, ab, um, in*
- modale Präpositionen kennzeichnen Verhältnisse der Art und Weise — *entgegen, für, gegen, außer, wider, statt, ohne, gegenüber, mitsamt, einschließlich*
- kausale Präpositionen kennzeichnen Verhältnisse des Grundes bzw. der Ursache — *wegen, dank, aufgrund, halber, infolge, mittels, vermöge, aus, durch, anlässlich, zwecks*

▶ **79** **Schmelzwort:** Eine Reihe von Präpositionen können mit dem bestimmten Artikel verschmelzen:

- Präposition + dem — *am, beim, hinterm, im, überm, unterm, vom, vorm, zum*
- Präposition + das — *ans, aufs, durchs, fürs, hinters, ins, übers, ums, unters, vors*
- Präposition + der — *zur*

10. Interjektionen und Satzäquivalente

▶ **80** **Interjektionen** (= Empfindungswörter) sind Wörter, die ein Gefühl ausdrücken. Sie können Einwortsätze bilden, können aber nicht als Teil eines anderes Satzes (= Satzäquivalente) verstanden werden.
Das gilt auch für die Wörter *ja, nein, doch* sowie *bitte* und *danke.*

hurra, pfui, ach, ah, hm, au(a)
Wirklich, er kommt. (Adverb)
Ah, er kommt. (Interjektion, isoliert)
Er kommt wirklich.
Aber nicht: **Er kommt ah.*
Hast du sie gesehen? – Ja. / Nein.
Hast du sie nicht gesehen? – Doch!

Wortfamilie, Wortfeld, Wortbeziehungen

▶ **81** Wörter können nicht nur hinsichtlich ihrer Zugehörigkeit zu einer bestimmten Wortart klassifiziert werden, sondern sie können auch in verschiedenen Bedeutungsbeziehungen zueinander stehen und entsprechend klassifiziert werden, d. h. die Wörter können Bedeutungsgruppen bilden.

▶ **82** **Wortfamilie:** Wörter einer Wortfamilie lassen sich auf den oder die Stämme eines Wortes zurückführen, z. B. die Wortfamilie „gehen".

Gang, Gangart, Zugang, Geher, Fußgänger, vorangehen, Vergehen, Gehsteig, gangbar, Gehhilfe

▶ **83** **Wortfeld:** Wortfelder werden von bedeutungsähnlichen (s. ▶ 84) Wörtern einer Wortart gebildet, z. B. das Wortfeld „sehen".

blicken, schauen, glotzen, gaffen, spannen, beobachten, erspähen, blicken, linsen, schielen, blinzeln, stieren

▶ **84** **Bedeutungsbeziehungen**

Unter **Synonymen** (Singular: das Synonym) versteht man Wörter mit gleicher Bedeutung. Vollständig bedeutungsgleiche Wörter gibt es nur sehr wenige in einer Sprache. Oft werden deshalb auch Wörter eines Wortfeldes als Synonyme bezeichnet. Man kann von diesen Wörtern auch sagen, sie seien partiell (= teilweise) synonym.

fast – beinahe, super – toll, Samstag – Sonnabend, lila – violett
entschlafen – sterben – verrecken (Stilebene)
Brötchen – Semmel – Schrippe (Dialekt)
Frauenarzt – Gynäkologe (Fremdwort)
Schwiegersohn – Eidam (altertümlich)
Vater – Papa – Pappi (familiär)
entlassen – freisetzen (beschönigend)

Unter **Antonymen** versteht man Wörter mit gegensätzlicher Bedeutung. Antonyme müssen keinen vollständigen Gegensatz ausdrücken, sondern können auch eine Zwischenstufe bezeichnen.

lang – kurz, schnell – langsam, dick – dünn
Täter – Opfer, Sieg – Niederlage
öffnen – schließen, siegen – verlieren
links – rechts, oben – unten, mit – ohne
nüchtern – angeheitert / beschwipst – betrunken

Unter **Hyperonymen** (= Oberbegriff) versteht man Wörter, die andere Wörter mit gleichen Bedeutungsmerkmalen (= **Hyponyme**, Unterbegriff) zusammenfassen.

Baum – Tanne, Fichte, Ahorn
Gemüse – Gurke, Tomate, Kartoffel
Obst – Apfel, Birne, Feige
Möbel – Stuhl, Tisch, Sofa

Syntax

1. Satzglieder und Attribute

▶ **85** Dem alltagssprachlichen Verständnis nach sind **Sätze** relativ selbständige und inhaltlich abgeschlossene Spracheinheiten. Sätze bestehen meist aus mehreren Wörtern in einer bestimmten grammatischen Ordnung. Unterhalb der Textebene (s. ▶ 136 ff.) sind Sätze die nächst größeren sprachlichen Einheiten.

▶ **86** Zwischen der Wort- und der Satzebene gibt es eine weitere Ebene relativ selbständiger Spracheinheiten, die man **Satzglieder** nennt. Satzglieder kann man in der Regel mithilfe der Umstell- und der Ersatzprobe erkennen.

▶ **87** **Umstellprobe** (= Satzglied- oder Verschiebeprobe): Ein Wort oder eine Wortgruppe, die sich im Satz umstellen lässt, ohne dass sich die Satzbedeutung wesentlich ändert, ist ein Satzglied.

1. Satzgliedstelle	2. Satzgliedstelle	3. Satzgliedstelle	4. Satzgliedstelle
Der kleine Junge	*las*	*den Brief seines Freundes*	*sofort.*
Den Brief seines Freundes	*las*	*der kleine Junge*	*sofort.*
Sofort	*las*	*der kleine Junge*	*den Brief seines Freundes.*
Der kleine Junge	*las*	*sofort*	*den Brief seines Freundes.*

▶ **88** **Ersatzprobe**: Jede Wortgruppe, die sich durch ein einzelnes Wort ersetzen lässt, ist ein Satzglied.

1. Satzgliedstelle	2. Satzgliedstelle	3. Satzgliedstelle	4. Satzgliedstelle
Der kleine Junge	*las*	*den Brief seines Freundes*	*sofort.*
Er	*las*	*ihn*	*sofort.*

1.1 Subjekt

▶ **89** Das Subjekt (= Satzgegenstand) ist das Satzglied, das durch die Frage „Wer oder was?" erfragt werden kann. Das Subjekt eines Satzes steht stets im Nominativ.

Der Junge las den Brief sofort.
Wer oder was las den Brief sofort? – Der Junge
Er las den Brief sofort.
Wer oder was las den Brief sofort? – Er

▶ **90** Die meisten Sätze haben ein Subjekt. In Aktivsätzen bezeichnet das Subjekt zugleich den Handelnden.

Der Junge las den Brief sofort.

In Passivsätzen nimmt dagegen oft die von einer Handlung betroffene Person oder Sache die grammatische Rolle des Subjekts ein.

Der Brief wurde (von dem Jungen) sofort gelesen.

▶ **91** **Subjektlose Sätze** können vor allem sein:

- Aufforderungssätze (mit einer Verbform im Imperativ) — *Lies sofort den Brief!* (*Wer oder was lies sofort den Brief?)
- Passivsätze — *Darüber wird jetzt nachgedacht.* (*Wer oder was wird jetzt darüber nachgedacht?)
- Sätze mit Verben, die nur eine Ergänzung im Dativ oder Akkusativ fordern — *Mich friert.* (*Wer oder was friert mich?)

▶ **92** Die **Subjektstelle** im Satz kann unterschiedlich besetzt sein, z. B. durch:

- ein einzelnes Wort — *Er las den Brief sofort.*
- eine Wortgruppe — *Der kleine Junge las den Brief sofort.*
- einen Satz (Nebensatz) — *Wer nicht warten kann, macht immer alles sofort.*

▶ **93** Außer dem Subjekt kann ein weiteres Satzglied im Nominativ stehen; man nennt dieses Satzglied **Gleichsetzungsnominativ** (= Prädikatsnominativ).

*Frau Helmer ist **meine Chefin**.*
Wer oder was ist meine Chefin? – Frau Helmer
***Frau Helmer** ist meine Chefin.*
Wer oder was ist Frau Helmer? – meine Chefin

1.2 Prädikat

▶ **94** Das Prädikat (= Satzaussage) ist das Satzglied, das meist auf die Frage Antwort gibt, was ein Subjekt tut, in welchem Zustand es sich befindet bzw. was mit ihm geschieht. Zusammen mit dem Subjekt kann das Prädikat die einfachste Form des Aussagesatzes bilden.

Der kleine Junge las den Brief seines Freundes sofort.
Was tat der Junge mit dem Brief sofort? – Er las ihn sofort.
Er las.

▶ **95** Im einfachsten Fall besteht das Prädikat aus einer finiten Verbform (s. ▶ 15); man spricht dann von einem **einteiligen Prädikat**.

Der Junge las den Brief.
Noemi und Clara reiten seit einiger Zeit.

▶ **96** Das **Prädikat** kann aber auch **mehrteilig** sein. Dies ist der Fall bei:

- Verbformen im Perfekt — *Der Junge hat den Brief sofort gelesen.*
- Verbformen im Plusquamperfekt — *Der Junge hatte den Brief sofort gelesen.*
- Verbformen im Futur I — *Der Junge wird den Brief sofort lesen.*
- Verbformen im Futur II — *Der Junge wird den Brief sofort gelesen haben.*
- Verbformen im Passiv — *Der Brief wurde sofort vom Jungen gelesen.* *Der Brief wird bald gelesen worden sein.*
- Verbindungen von Modal- bzw. modifizierenden Verben (s. ▶ 13) und einem Infinitiv. — *Der Junge will / muss / darf … den Brief sofort lesen.* *Der Junge scheint den Brief zu lesen.*

▶ **97** Ebenfalls zum Prädikat zählen Verbzusätze, die in abgetrennter Form mit dem finiten Prädikatsteil ebenso eine Satzklammer bilden (s. ▶ 8) wie die infiniten Prädikatsteile.

Der Junge liest den Brief seinem Freund vor.
Der Junge hat den Brief seinem Freund vorgelesen.

▶ **98** Nach den Verben *sein*, *werden*, *bleiben*, *heißen* und *erscheinen* kann ein nichtverbaler Prädikatsteil (= Prädikativ) stehen, z. B.:

- Adjektiv — *Der Junge erscheint lesefreudig.*
- Adverb — *Der Junge ist hier.*

1.3 Objekt

▶ **99** Das Objekt (= Satzergänzung) ist eine Ergänzung zum Prädikat. Ob und welche Objekte bei einem Prädikat stehen können, hängt dabei vom Verb ab (s. ▶ 13). Je nach Bildung bzw. dem Kasus, in dem das nominale Satzglied steht, unterscheidet man zwischen:

Der kleine Junge las den Brief seines Freundes sofort.

- **Genitivobjekt** (Ergänzung im Genitiv, Frage „Wessen?“) — *Der Verbrecher ist der Tat überführt.* *Wessen ist der Verbrecher überführt? – der Tat*
- **Dativobjekt** (Ergänzung im Dativ, Frage „Wem?“) — *Der Junge gibt ihm den Brief.* *Wem gibt der Junge den Brief? – ihm*
- **Akkusativobjekt** (Ergänzung im Akkusativ, Frage „Wen oder was?“) — *Der Junge gibt ihm den Brief.* *Wen oder was gibt ihm der Junge? – den Brief*
- **Präpositionalobjekt** (Ergänzung mit Präposition, Frage mit der Präposition) — *Der Junge wartet auf eine Antwort.* *Worauf wartet der Junge? – auf eine Antwort*

▶ **100** Das **Genitivobjekt** (= Ergänzung im Genitiv) steht nur nach wenigen Verben (z. B. *bedürfen, entbehren, ermangeln*) und spielt im Deutschen eine nur untergeordnete Rolle. In der Alltagssprache wird das Genitivobjekt dabei oft in ein Präpositionalobjekt umgeformt. Das Genitivobjekt bleibt von der Passivtransformation unberührt.

Der Kranke bedarf der Ruhe.
Er erinnerte sich seiner.
Man gedachte der Toten des Krieges.
Er erinnerte sich seiner. → Er erinnerte sich an ihn.
Man gedachte der Toten des Krieges. → Es wurde der Toten des Krieges gedacht.

▶ **101** Das **Dativobjekt** (= Ergänzung im Dativ) steht nach zahlreichen Verben (wie *antworten, drohen, danken*) und bleibt von der Passivtransformation unberührt.

Der Junge gibt ihm den Brief. → Der Brief wird ihm gegeben.
Er schrieb seinem Freund. → Seinem Freund wurde geschrieben.

▶ **102** Das **Akkusativobjekt** (= Ergänzung im Akkusativ) steht nach zahlreichen Verben (wie *bekommen, lieben, loben*); in der Passivtransformation kann das Akkusativobjekt zum Subjekt des Passivsatzes werden (s. ▶ 13).

Der Junge las den Brief seines Freundes. → Der Brief seines Freundes wurde gelesen.
Die Rechtsanwältin prüft die eingereichten Unterlagen genau. → Die eingereichten Unterlagen werden genau geprüft.

▶ **103** Das **Präpositionalobjekt** (= Ergänzung mit Präposition) steht nur nach wenigen Verben obligatorisch (z. B. *hoffen auf, sich kümmern um, streben nach*) und bleibt von der Passivtransformation unberührt.
Einige Verben können dabei sowohl mit einem Präpositionalobjekt als auch mit einem Akkusativ- bzw. Dativobjekt verwendet werden.
Präpositionalobjekte werden mit einer Präposition erfragt. Sie sind von den formal ähnlichen adverbialen Bestimmungen zu unterscheiden, nach denen mit einem Interrogativadverb (s. ▶ 71) gefragt wird.

Man wartete auf die Nachzügler. → Auf die Nachzügler wurde gewartet.
Die Kinder haben über die Witze des Clowns gelacht. → Über die Witze des Clowns ist gelacht worden.
Sie fragen nach dem Weg.
Sie fragen ihn.
Sie glauben an Gott.
Sie glauben ihm.

Man wartete auf sie. → Auf wen wartete man? – auf sie
Man wartete auf dem Hauptplatz. → Wo wartete man? – auf dem Hauptplatz

1.4 Adverbiale Bestimmung

▶ **104** Die adverbiale Bestimmung (das Adverbial = Umstandsbestimmung) ist das Satzglied, mit dem die genaueren Umstände (z. B. Zeit, Ort, Grund) eines Ereignisses näher bestimmt werden können.

Der kleine Junge las den Brief seines Freundes sofort. → Wann las der kleine Junge den Brief seines Freundes? – sofort
Man wartete auf dem Hauptplatz. → Wo wartete man? – auf dem Hauptplatz

▶ **105** Das Adverbial kann unterschiedliche **Formen** haben, nämlich:

- Adverb — *Er las den Brief sofort. Sie kommt bald.*
- Adjektivadverb (s. ▶ 46) — *Sie singen schön. Es regnet stark.*
- Pronominaladverb (s. ▶ 71) — *Ich warte darauf. Sie lernten daraus.*
- präpositionales Gefüge (s. ▶ 71) — *Man wartete auf dem Hauptplatz.*
- Substantiv im Genitiv — *Sie kamen eines schönen Tages.*
- Substantiv im Akkusativ — *Er fragte die ganze Zeit nach ihr.*
- Nebensatz — *Sie warteten, bis es fünf Uhr war.*

▶ **106** Nach der Art der Umstandsangabe lassen sich folgende **Gruppen** unterscheiden (s. ▶ 131):

- **temporales Adverbial** (Adverbial der Zeit: Wann?, Wie lange?, Seit wann?) — *Er las den Brief sofort. Sie kommt bald.*
- **lokales Adverbial** (Adverbial des Ortes: Wo?, Woher?, Wohin?) — *Man wartete auf dem Hauptplatz. Sie waren dort.*
- **modales Adverbial** (Adverbial der Art und Weise: Wie?, Wie viel?, Wie sehr?) — *Sie singen schön. Es regnet stark.*
- **instrumentales Adverbial** (Adverbial des Mittels: Womit?, Wodurch?) — *Mit etwas Geduld könnte das gelingen. Durch Nachdenken kamen sie weiter.*
- **kausales Adverbial** (Adverbial des Grundes: Warum?, Weshalb?, Wieso?) — *Sie applaudierten vor Begeisterung. Sie kamen wegen ihm.*
- **konditionales Adverbial** (Adverbial der Bedingung: Unter welcher Bedingung?) — *Benutzung auf eigene Gefahr. Benutzung nur bei Bedarf.*
- **konzessives Adverbial** (Adverbial des Gegengrundes: Trotz wessen?) — *Trotz Grippe fuhr er Ski. Ungeachtet seiner Schmerzen arbeitete er weiter.*
- **konzessives Adverbial** (Adverbial der Folge: Mit welcher Folge?) — *Die Zwillinge waren sich zum Verwechseln ähnlich. Sie arbeitete bis zur Erschöpfung.*
- **finales Adverbial** (Adverbial des Zwecks: Wozu?) — *Zur Erholung machte sie einen Spaziergang. Das macht man nicht zum Spaß.*

1.5 Attribut (Satzgliedteil)

▶ **107** Unter einem Attribut (= Beifügung) versteht man im engeren Sinne eine genauere inhaltliche Bestimmung zu einem Substantiv. Manchmal wird der Begriff in einem umfassenderen Sinne gebraucht. Dann werden alle Bestimmungswörter zu den Attributen gezählt; auch werden Bestimmungswörter zu anderen **Wortarten** zu den Attributen gerechnet.

der kleine Junge

der Junge (bestimmter Artikel)

dieser Junge (Demonstrativpronomen)

unser Junge (Possessivpronomen)

*ein sehr **netter** Junge*

*der **dort***

Beachte: Attribute sind **keine** eigenständigen Satzglieder. Man kann sie daran erkennen, dass sie nicht frei im Satz verschoben werden können, sondern nur zusammen mit ihrem Bezugswort.

▶ **108** Die wichtigsten **Attributarten** zum Substantiv sind:

• **Adjektiv** (attributives Adjektiv)	*der kleine Junge, ein heißer Sommer*
• **Partizip** (attributives Partizip)	*der lesende Junge, das aufgewärmte Essen*
• **Adverb** (attributives Adverb)	*der Junge dort, die Zeit danach*
• **Infinitiv mit „zu"**	*der Versuch, das zu erklären*
• **Präposition** (präpositionales Attribut)	*ein Film aus Amerika*
• **Namensbestimmung**	*ein Hitchcock-Film*
• **Genitivattribut**	*den Brief seines Freundes*
• **Apposition** (Beisatz, Ergänzung)	*Peter, sein bester Freund, und er*
• **Nebensatz** (Attributsatz, s. ▶ 132)	*ein Junge, der liest,*

▶ **109** Attribute können selbst durch Attribute bestimmt sein; man spricht dann von Attributen 1., 2., 3. usw. Grades.
Ob Attribute gleichrangig oder verschiedenen Grades sind, ist dabei manchmal für die Zeichensetzung relevant.

ein Arbeitskollege [meines Vaters$_1$ [aus Herne$_2$]] (das präpositionale Attribut „aus Herne" bestimmt das Genitivattribut „meines Vaters" genauer)
andere, wichtige Fragen (gleichrangige Attribute, d. h. die ersten Fragen müssen nicht unbedingt wichtig gewesen sein)
andere wichtige Fragen („andere" ist Attribut zu „wichtige Fragen", d. h. auch die ersten Fragen waren alle wichtig)

2. Satzlehre

▶ **110** **Sätze** (s. ▶ 85) lassen sich nach ihrer Komplexität und ihrer grammatischen Vollständigkeit unterteilen. Man unterscheidet:

• Kurz- und Einwortsätze	*Los! Was? Moment, bitte! Genau.*
• elliptische Sätze, d. h. Sätze, die sich aus der Verwendungssituation heraus sinngemäß ergänzen lassen	*Kommst du diese oder nächste Woche? – Die nächste. (= Ich komme nächste Woche.)*
• einfache, nicht erweiterte, aber grammatisch vollständige Sätze	*Rafael besucht uns.*
• erweitere Sätze, d. h. Sätze, die um Attribute oder adverbiale Bestimmungen ergänzt sind	*Rafael, ein alter Freund, besucht uns nächste Woche.*
• komplexe Sätze, d. h. Satzreihen oder Satzgefüge	*Rafael besucht uns nächste Woche und bald will auch Jana vorbeikommen.* *Rafael besucht uns nächste Woche, weil wir ihn eingeladen haben.*

2.1 Satzarten

▶ **111** Sätze lassen sich nach der Art und Stellung des finiten Prädikatsteils unterteilen.

Satzart	1. Satzgliedstelle	2. Satzgliedstelle	3. Satzgliedstelle	4. Satzgliedstelle
Aussagesatz	*Rafael*	*besucht*	*uns*	*nächste Woche.*
Entscheidungsfrage	*Besuchst*	*du*	*uns*	*nächste Woche?*
Ergänzungsfrage	*Warum*	*besuchst*	*du*	*uns?*
Aufforderungssatz	*Besuch (= Imperativ)*	*uns*	*nächste Woche!*	

▶ **112** Mit einem **Aussagesatz** wird behauptet, dass ein Sachverhalt tatsächlich, zukünftig oder der Möglichkeit nach zutrifft. Nach Aussagesätzen steht in der Regel ein Punkt.

Rafael besucht uns nächste Woche.
So stark hat es hier vielleicht noch nie gewittert.

▶ **113** Mit einem **Fragesatz** wird in der Regel um eine bestimmte Auskunft gebeten. Nach Fragesätzen steht ein Fragezeichen. Man unterscheidet zwei Haupttypen von Fragen:

- **Entscheidungsfragen** (auch: Satzfrage, Ja-/Nein-Frage), bei denen das Prädikat an erster Satzgliedstelle steht

  Besucht uns Rafael nächste Woche?
  Regnet es noch?
- **Ergänzungsfragen** (auch: W-Frage, Satzgliedfrage), die mit einem Fragewort eingeleitet werden

  Wann besucht uns Rafael?
  Wer besucht uns nächste Woche?
  Wen besucht Rafael nächste Woche?

▶ **114** Fragen, auf die keine Auskunft erwartet wird, nennt man **rhetorische Fragen**.

Spinnst du?
Und das soll ich glauben?

▶ **115** Mit einem **Aufforderungssatz** werden Befehle erteilt oder Wünsche geäußert (s. ▶ 29). Nach Aufforderungssätzen steht in der Regel ein Ausrufezeichen.

Komm uns doch bitte nächste Woche besuchen, Rafael!
Sei still und iss!

2.2. Satzbaupläne

116 Satzbaupläne am Beispiel des Aussagesatzes

Die Anzahl und die Art der Satzglieder, die in einem Satz vorkommen, sind zum einen vom Verb abhängig. Durch das Verb ist festgelegt, welche Satzglieder notwendigerweise vorkommen müssen. Zum anderen können die Sätze durch Adverbiale näher bestimmt und damit erweitert werden. Die meisten Adverbiale sind freie Ergänzungen, d.h. grammatisch nicht notwendig.

- Subjekt + Prädikat
  Er | kommt.

- Subjekt + Prädikat + Adverbial (der Zeit)
  Er | kommt | bald.

- Subjekt + Prädikat + Akkusativobjekt
  Sie | sah | den Fehler.

- Subjekt + Prädikat + Akkusativobjekt + Adverbial (der Zeit)
  Sie | sah | den Fehler | sofort.

- Subjekt + Prädikat + Adverbial (der Zeit) + Genitivobjekt
  Peter | bedarf | jetzt | der Ruhe.

- Subjekt + Prädikat + Dativobjekt
  Der Wanderer | folgt | dem Pfad.

- Subjekt + Prädikat + Dativobjekt + Akkusativobjekt
  Paul | gab | Anna | ein | Buch.

- Subjekt + Prädikat + Dativobjekt + Adverbial (der Zeit) + Akkusativobjekt
  Paul | gab | Anna | gestern | ein Buch.

- Subjekt + Prädikat + Dativobjekt + Adverbial (der Zeit) + Adverbial (des Ortes) + Akkusativobjekt
- *Paul | gab | Anna | gestern | in der Schule | ein Buch.*

- Subjekt + Prädikat + Dativobjekt + Adverbial (der Zeit) + Adverbial (des Umstandes) + Adverbial (des Ortes) + Akkusativobjekt
  Paul | gab | Anna | gestern | mit großer Freude | in der Schule | ein Buch.

2.3 Nebensatzarten

▶ **117** Nebensätze sind Sätze, die von einem Hauptsatz (das sind Sätze, die von keinem übergeordneten Satz grammatisch abhängig sind) oder einem anderen Nebensatz abhängen.

Nebensätze

uneingeleitete — eingeleitete

eingeleitete: Relativsätze — Konjunktionalsätze

Relativsätze				Konjunktionalsätze		
Attributsatz	Subjektsatz	Objektsatz	Adverbialsatz	Adverbialsatz	Objektsatz	Subjektsatz
Eine Freundin, die nett ist, besucht uns. (s. ▶ 132)	*Wer das versteht, weiß schon viel.* (s. ▶ 126)	*Paul weiß nicht, welche Pläne du hast.* (s. ▶ 128)	*Sie lernten dort, wo sie schon gestern gelernt hatten.* (s. ▶ 131)	*Sie lernten dort, weil es praktisch für sie war.* (s. ▶ 131)	*Janna weiß, dass das schwer ist.* (s. ▶ 128)	*Mir ist neu, dass du Probleme hast.* (s. ▶ 126)

▶ **118** **Uneingeleitete Nebensätze** haben kein Einleitungswort; sie sind nur daran zu erkennen, dass sie ein Satzglied im Hauptsatz ersetzen: *Rafael sagte, er besuche uns nächste Woche.*

▶ **119** **Eingeleitete Nebensätze** beginnen mit einer unterordnenden Konjunktion oder einem Relativpronomen oder -adverb. In diesen Nebensätzen steht das Prädikat an letzter Satzgliedstelle.

	1. Satzglied-stelle	**2. Satzglied-stelle**	**3. Satzglied-stelle**	**4. Satzglied-stelle**
Er fragte, ob	*Rafael*	*uns*	*nächste Woche*	*besuche.*
Rafael,	*den*	*wir*	*schon lange*	*kennen,*

Nach der Art des Einleitungswortes unterscheidet man dabei zwischen Konjunktionalsätzen und Relativsätzen.

▶ **120** **Konjunktionalsätze** beginnen stets mit einer Konjunktion (*ob, weil, während*).

Janna weiß, dass das schwer ist.
Er fragte, ob Rafael uns besuche.

121 **Relativsätze** beginnen stets mit einem flektierbaren Relativpronomen (s. 68) oder einem Relativadverb (s. 71). Relativsätze können auch frei vorkommen, d.h. ohne Bezugswort im Hauptsatz. Sinngemäß muss sich das Bezugswort dann aber ergänzen lassen.

Sie ist die Einzige, die noch Lust zum Arbeiten hat.
Sie lernten [dort], wo sie schon gestern gelernt hatten.

Wer wagt, [der] gewinnt.
Wer das versteht, [der] weiß schon viel.

122 **Nebensätze** können aber nicht nur nach ihrem Einleitungswort, sondern auch nach ihrer **grammatischen Funktion** unterschieden werden.

123 **Attributsätze** nennt man Nebensätze, die das Satzgliedteil Attribut ersetzen.

Ein Wein, der aus Frankreich kommt, … (= Attributsatz)
ein französischer Wein (= Attribut)

124 **Gliedsätze** nennt man Nebensätze, die ein Satzglied im übergeordneten Satz ersetzen.

Janna weiß, dass das schwer ist. (= Objektsatz)
Janna weiß das. (= Akkusativobjekt)

2.4 Gliedsätze

Subjektsatz

125 Subjektsätze sind Gliedsätze, die das Satzglied Subjekt im übergeordneten Satz ersetzen. Subjektsätze antworten auf die Frage *Wer oder was?*.

Mich wundert nicht, dass sie angerufen hat.
Wer oder was wundert mich nicht? – dass sie angerufen hat
Ihr Anruf wundert mich nicht.
Wer oder was wundert mich nicht? – Ihr Anruf

126 Ein Subjektsatz kann entweder ein Relativsatz oder ein Konjunktionalsatz sein.

Wer das versteht, weiß schon viel.
(= Wer oder was weiß schon viel?)
Mir ist neu, dass du Probleme hast.
(= Wer oder was ist mir neu?)

Objektsatz

127 Objektsätze sind Gliedsätze, die das Satzglied Objekt im übergeordneten Satz ersetzen. Objektsätze können für alle Objektarten stehen, die meisten Objektsätze stehen jedoch für ein Akkusativobjekt (*Wen oder was?*).

Er sah, wie das Haus abbrannte.
(= *Wen oder was sah er? – … wie das Haus abbrannte.*)
Er sah den Hausbrand.
(= *Wen oder was sah er? – Er sah den Hausbrand.*)

▶ **128** Ein Objektsatz kann entweder ein Relativsatz oder ein Konjunktionalsatz sein.

Paul weiß nicht, welche Pläne du hast.
(= Wen oder was weiß Paul nicht?)
Janna weiß, dass das schwer ist.
(= Wen oder was weiß Janna?)

Adverbialsatz

▶ **129** Adverbialsätze sind Gliedsätze, die das Satzglied Adverbial im übergeordneten Satz ersetzen. Adverbialsätze werden wie Adverbiale erfragt.

Als es dunkel wurde, gingen sie nach Hause.
(= Adverbialsatz der Zeit: Wann?)
Wann gingen sie nach Hause? – Als es dunkel wurde
Bei Einbruch der Dunkelheit gingen sie nach Hause.
Wann gingen sie nach Hause? – Bei Einbruch der Dunkelheit

▶ **130** Die meisten Adverbialsätze sind zugleich Konjunktionalsätze. Lokale Adverbialsätze sind dagegen stets Relativsätze.

Sie lernten dort, weil es praktisch für sie war. (= kausales Adverbial – Warum?: *Sie lernten dort aus praktischen Gründen.*)
Sie lernten dort, wo sie schon gestern gelernt hatten. (= lokales Adverbial – Wo?: *Sie lernten an demselben Ort wie gestern.*)

▶ **131** Wie die Adverbiale (s. ▶ 106) lassen sich auch die Adverbialsätze nach der Art der Umstandsangabe unterscheiden. **Beachte:** Im Gegensatz zu den Adverbialsätzen werden Adverbiale nicht durch Kommata abgetrennt.

Adverbialsatz	Beispiel	Ersatzprobe = Adverbial
• **der Zeit** (= Temporalsatz): nachdem, als, bevor, während, ehe, bis, sowie	*Sie arbeiteten immer,* ***bis es dunkel wurde.***	*Sie arbeiteten immer* ***bis zum Einbruch der Dunkelheit*** (Bis wann?).
• **des Grundes** (= Kausalsatz): weil, da, zumal (da)	*Sie half ihm,* ***weil sie Mitleid mit ihm hatte.***	*Sie half ihm* ***aus Mitleid*** (Warum?).
• **der Absicht / des Zwecks** (= Finalsatz): damit, dass, um	*Sie las ein Buch,* ***damit ihr nicht langweilig wurde.***	*Sie las* ***zur Verhinderung von Langeweile*** (Wozu?) *ein Buch.*
• **der Folge / der Wirkung** (= Konsekutivsatz): (als) dass, sodass	*Die Spieler fighteten so hart,* ***sodass sie völlig erschöpft waren.***	*Die Spieler fighteten hart* ***bis zur völligen Erschöpfung*** (Mit welcher Folge?).

Adverbialsatz	Beispiel	Ersatzprobe = Adverbial
• **des Gegengrundes** (= Konzessivsatz): obwohl, obschon, obgleich, wenn auch	*Sie schrieb eine schlechte Arbeit,* ***obwohl sie sich intensiv vorbereitet hatte.***	*Sie schrieb* ***trotz intensiver Vorbereitung*** (Trotz wessen?) *eine schlechte Arbeit.*
• **der Bedingung** (= Konditionalsatz): wenn, falls, sofern	*Sie können die Ware gleich mitnehmen,* ***wenn Sie sie sofort bezahlen.***	*Sie können die Ware* ***bei sofortiger Bezahlung*** (Unter welcher Bedingung?) *gleich mitnehmen.*
• **der Art und Weise** (= Modalsatz): als ob, insofern, wobei	*Es regnete,* ***als ob die Sintflut käme.***	*Es regnete* ***wie bei einer Sintflut*** (Wie?).
• **des Umstandes / des Mittels** (= Instrumentalsatz): indem, so dass	*Er lernte das Gitarrespielen,* ***indem er sehr viel übte.***	*Er lernte das Gitarrespielen* ***durch viel Übung*** (Womit? Wodurch?).
• **des Ortes** (= Lokalsatz): wo, wohin, woher	*Sie verabredeten sich dort,* ***wo sie sich schon einmal getroffen hatten.***	*Sie verabredeten sich* ***an einem früheren Treffpunkt*** (Wo?).

▶ **132 Attributsatz**

Attributsätze ersetzen das Satzgliedteil Attribut.

Eine nette Freundin besucht uns. (= attributives Adjektiv) – *Eine Freundin, die nett ist, besucht uns.*

Attributsätze sind fast immer Relativsätze.

Das Haus meiner Eltern wurde verkauft. (= Genitivattribut) – *Das Haus, das meinen Eltern gehörte, wurde verkauft.*

2.5 Satzkonstruktionen

▶ **133 Satzwertige Konstruktionen**

Als satzwertig werden Konstruktionen bezeichnet, die zwar formal keine Nebensätze darstellen, aber die Funktion von Nebensätzen haben. Man unterscheidet zwischen Infinitiv- und Partizipialkonstruktionen.

▶ **134 Infinitivkonstruktionen** können notwendige Verbergänzungen sein; sie stehen dann zugleich für das Subjekt bzw. ein Objekt im Satz.

Mir war es unangenehm, ihn dort zu treffen.
Wer oder was war mir unangenehm? – ihn dort zu treffen
Sie beschloss, bald Urlaub zu machen.
Wen oder was beschloss sie? – bald Urlaub zu machen

Infinitivkonstruktionen können aber auch als freie Ergänzung zum Verb vorkommen; sie stehen dann zugleich für ein Adverbial / Adverbialsatz.

Sie machte Urlaub, um sich zu erholen. Warum machte sie Urlaub? – um sich zu erholen / zur Erholung

Infinitivkonstruktionen, die von einem Substantiv abhängig sind, ersetzen ein Attribut / Attributsatz.

Sie hat das Recht, Urlaub zu machen. Sie hat ein Urlaubsrecht.

▶ **135** **Partizipialkonstruktionen** sind keine notwendigen Verbergänzungen und können folglich weder das Subjekt noch das Objekt in einem übergeordneten Satz vertreten.

Der Besuch, seit langem ersehnt, in London war sehr schön. Der seit langem ersehnte Besuch in London war sehr schön.

Partizipialkonstruktionen können Attribut / Attributsätze und Adverbiale / Adverbialsätze ersetzen.

Sie kam, von vielen neuen Eindrücken überwältigt, erschöpft aus London zurück. Sie kam erschöpft aus London zurück, weil sie von vielen neuen Eindrücken überwältigt war.

Text und Gespräch

1. Text

▶ **136** Das Wort „Text" stammt vom lat. *textus* und bedeutet „Gewebe, Geflecht". Den Zusammenhang zwischen Sätzen, die einen Text bilden, nennt man **Kohärenz** (vom lat. *cohaerere* „zusammenhängen"). Was ein **Text** ist bzw. seinen Zusammenhang ausmacht, ist dabei nicht allein grammatisch bestimmbar. Es gibt aber eine Reihe grammatischer Phänomene, die für die Textbildung verantwortlich sind; umgekehrt sind diese Phänomene erst von der Textebene her restlos verständlich. Als Beispiel für ein Mittel der Textbildung wurde bereits der Artikel mit seiner Funktion, im Text zurück und nach vorne zu verweisen, genannt (Anaphorik, Kataphorik, s. ▶ 54) genannt.

▶ **137** Weitere Kohärenzmittel der Textbildung sind unter anderem:

• **Pronomen** (s. ▶ 57 ff.)	*Nach langem Suchen hatte Julia das Buch in einem Antiquariat gefunden. Deshalb kaufte sie es dort dann auch sofort.*
• **Adverbien** (s. ▶ 69 ff.)	*Nach langem Suchen hatte Julia das Buch in einem Antiquariat gefunden. Deshalb kaufte sie es dort dann auch sofort.* *Gestern habe ich mir ein Fahrrad gekauft. Heute ist schon ein Reifen platt.*
• **Tempus** (s. ▶ 19 ff.)	*Nach langem Suchen hatte Julia das Buch in einem Antiquariat gefunden. Deshalb kaufte sie es dort dann auch sofort.* *Gestern habe ich mir ein Fahrrad gekauft. Heute ist schon ein Reifen platt.*

▶ **138** Traditionellerweise werden sprachliche Textphänomene von der Rhetorik bzw. Stilistik untersucht, doch gibt es hier auch Überschneidungen zur Grammatik des Satzes. Hierzu gehören etwa elliptische Sätze (s. ▶ 110) oder die Unterscheidung zwischen Satzreihen und Satzgefügen (s. ▶ 110).

2. Gespräch

▶ **139** Auch wenn es sich bei Gesprächen letztlich ebenfalls um Texte handelt, die mithilfe grammatischer Begriffe beschrieben werden können, unterscheiden sich **Gespräche** gleichwohl in zweierlei Hinsicht grundsätzlich von geschriebenen Texten. Zum einen haben Gespräche andere **Entstehungsbedingungen** (mündliche Kommunikation zwischen mindestens zwei Beteiligten), die andere Analysekriterien bedingen (z. B.: Wie kommt es zum Sprecherwechsel? Welche Aufgabe hat der Zuhörer, mit welchen Mitteln trägt er zum Gespräch bei?). Zum anderen findet Verständigung in Gesprächen nicht nur im verbalen, sondern auch im **para- und nonverbalen Bereich** statt.

▶ **140** **Paraverbaler Bereich:** Im Gegensatz zum verbalen Bereich bezeichnet dieser (auch: Prosodie, suprasegmentaler Bereich genannt) alle kommunikativen Mittel, die unabhängig von bestimmten sprachlichen Bausteinen (Silben, Morpheme, Wörter, Sätze) durch den Gebrauch verbaler Mittel realisiert werden können.

▶ **141** Zum paraverbalen Sprachbereich zählen unter anderem:

- **Akzent** (= Betonung)
  Héute so, mórgen so. (Sprecher verweist auf ein konsequentes Verhalten.)
  Heute só, morgen só. (Sprecher verweist auf ein inkonsequentes Verhalten.)
- **Intonation** (= Satzmelodie), die im Schriftlichen ansatzweise durch Satzzeichen wiedergegeben werden kann.
  Kommst du? (= Frage)
  Kommst du! (= Aufforderung)
- **Lautstärke**
  Nein. (laut ausgesprochen = deutlichere Ablehnung)
- **Pausen**
  Sie mag Lucas und Kevin nicht. (ohne Pause = Sie mag weder Lucas noch Kevin.)
  Sie mag Lucas – und Kevin nicht. (mit Pause = Sie mag Lucas, nicht aber Kevin.)

Im Gegensatz zum „normalen" Wort spricht man bei Lautfolgen, deren Bedeutung ausschließlich von der Aussprache abhängt, von **tonalen Zeichen**.

mhm (kann, je nach Aussprache, Zweifel, Bestätigung oder Ablehnung ausdrücken)
aha (kann, je nach Aussprache, Zweifel, Überraschung oder Freude ausdrücken)

▶ **142** **Nonverbaler Bereich:** Dieser Bereich umfasst all das, was ein Sprecher bzw. seine Zuhörer während einer Äußerung tun. Im Einzelnen unterscheidet man: **Mimik** (= Gesichtsausdruck) und **Gestik** (vor allem Hand- und Armbewegungen) bzw. allgemein die Körpersprache (als Oberbegriff für alle Körperbewegungen bzw. -haltungen, der insbesondere die Gestik mit einschließt).

▶ **143** **Gestik:** Der Bereich umfasst dabei Gesten im alltagssprachlichen Sinne (z. B. jmd. einen Vogel zeigen, der gesenkte Daumen), aber auch Betonungs- oder Berührungsgesten. Von großer Gesprächsbedeutung sind aber vor allem die Zeigegesten, die insbesondere die Demonstrativpronomen (s. ▶ 63) unterstützen.
Gesten sind dabei stark kultur- und damit sprachabhängig.

Da, schau!
Ich meine ihn, nicht ihn.
Ich hätte gerne das Brot da, nicht das.
Ich nehme dieses Kleid.

Tendenzen der Gegenwartssprache

▶ **144** Man kann zwei Arten von Grammatiken unterscheiden:

- **Normative Grammatiken** beschreiben, wie Sprache normgerecht verwendet wird; sie verstehen sich als Ratgeber für einen richtigen Sprachgebrauch.
- **Deskriptive Grammatiken** stellen dagegen dar, wie Sprache – auch im alltäglichen Gebrauch – verwendet wird; sie wollen keine Ratschläge erteilen oder Vorschläge machen, sondern beschreiben Sprache zu wissenschaftlichen Zwecken.

Schulgrammatiken sind normativ. Das ist einerseits sinnvoll, denn erst wenn man die Norm kennt, kann man Abweichungen von der Norm überhaupt als solche erkennen. Das hat andererseits aber auch Nachteile: Zum einen reicht schulgrammatisches Wissen oft nicht aus, um die tatsächliche Sprachverwendung zu beschreiben, zum anderen verändert sich Sprache, und vieles, was heute noch „falsch" ist, kann in einigen Jahren „richtig" sein. Um ein Bewusstsein für den Unterschied zwischen normativer und deskriptiver Grammatik zu schaffen, werden im Folgenden einige wenige Tendenzen der Gegenwartssprache kurz beleuchtet.

1. Wortbildung

▶ **145** Neben den im Abschnitt ▶ 7 beschriebenen Ableitungen treten immer öfter auch Ableitungen auf vokalische Suffixe auf, die nicht als reine Kurzwörter (s. ▶ 10) zu verstehen sind.

Chauvi (aus *Chauvinist*)
Schi-ri (aus *Schiedsrichter*)
A-zubi (aus *Auszubildende / r*)
Stud-i (aber: *Student / in*)
(voll) prol-o (aber: *proletarisch*)
Gruft-i (aber: *die Gruft_*)

▶ **146** Veränderungen zeigen sich auch in der Häufigkeit (der Lebendigkeit) bestimmter Suffixe. Sehr häufig finden sich Wortneubildungen auf -mäßig und -voll.
Fantasievoll und reich an Wort(neu)bildungen ist vor allem die Werbung.

party-mäßig, fun-mäßig, alk-mäßig, unterhaltungs-mäßig
niveau-voll, kultur-voll, hoffnungs-voll, glut-voll, seelen-voll
fang-frisch, ernte-frisch, back-frisch, pflück-frisch, ess-frisch
Fairsicherungen (aus *fair* und *Ver-sicherung*)
Allllrad, unkaputtbar, proBIER XYZ-Bier

2. Wortarten

▶ **147** **Indefinitpronomen *son, sone***
In der mündlichen Umgangssprache hört man gelegentlich Ausdrücke wie *Son Quatsch!* oder *Sone Schweinerei!*, die zunächst als Verkürzungen der Ausdrücke *So ein Quatsch!* bzw. *So eine Schweinerei!* aufgefasst werden können.
In Erich Kästners Erzählung „Drei Männer im Schnee" (München: dtv 1996, 11. Auflage, S. 18) etwa findet sich folgende Passage: *Als der Herr aus dem Postamt trat, stieg der*

Chauffeur rasch aus und öffnete den Schlag. „So'ne Bengels [gemeint sind zwei kleine Jungen] *können einen alten Mann glatt ins Krankenhaus bringen", sagte er verstört.*
Auch wenn hier *sone* mit Apostroph geschrieben wird, handelt es sich doch um eine Pluralbildung (vergleichbar mit *sone Leute, sone Dinger* usw.). Hier ist also gerade keine Rückführung auf *so* + unbestimmter Artikel mehr möglich (also nicht: *so eine Bengels), sodass *son, sone* als (neues) Indefinitpronomen (s. ▶ 67; im Gebrauch vergleichbar mit *solch*) verstanden werden muss.

▶ 148 brauchen ohne *zu*

„Wer brauchen ohne zu gebraucht, braucht *brauchen* gar nicht zu gebrauchen!" lautet eine alte Merkregel für Schüler, die aber – zumindest im mündlichen Sprachgebrauch – immer weniger zu stimmen scheint.

brauchen mit *zu*	**brauchen ohne *zu***
Wenn das so ist, dann braucht er gar nicht mehr zu kommen.	*Wenn das so ist, dann braucht er gar nicht mehr kommen.*

Neben *brauchen* werden auch noch Verben wie *pflegen* (*Er pflegt abends immer ein Bier zu trinken.)* oder *scheinen* (*Das scheint immer weniger zu stimmen.*) mit *zu* gebraucht (s. ▶ 13).
Während aber ein Satz wie *Sie braucht nicht kommen.* zumindest umgangssprachlich akzeptabel ist, trifft dies auf Sätze wie **Das scheint immer weniger stimmen.* oder **Er pflegt abends immer ein Bier trinken.* nicht zu.

▶ 149 Resultativ

In Abschnitt ▶ 21 wird die Perfektbildung beschrieben (Form von *haben* + Partizip II eines Vollverbs). Sehr häufig wird diese Verbform jedoch nicht als Perfekt, sondern resultativ (d.h. um das Ergebnis eines Vorgangs auszudrücken) gebraucht.

Perfektgebrauch	**resultativer Gebrauch**
Der Besitzer hat sein Geschäft geöffnet. = Das Geschäft ist nun geöffnet. (= Zustandspassiv) *In die Geräte ist eine Fernbedienung eingebaut worden.* = Die Geräte verfügen jetzt über eine Fernbedienung.	*Das Geschäft hat geöffnet.* (= aus normativer Sicht falsch, denn ein Geschäft kann nichts öffnen, also „aufmachen") *Die Geräte haben eine Fernbedienung eingebaut.* (= aus normativer Sicht falsch, denn Geräte können nichts einbauen)

▶ 150 Verlaufsform *am*

In Abschnitt ▶ 79 wird *am* als Schmelzwort bestimmt, das unter unter anderem eine Substantivierung (s. ▶ 9) kennzeichnet. Häufig wird das Wort aber auch – vergleichbar der englischen Form *-ing* (z.B. *think-ing*) – mit einem substantivierten Verb zur Kennzeichnung des Verlaufs einer Tätigkeit verwendet.

am **zur Kennzeichnung einer Substantivierung**	**sein + *am* + Substantivierung als Verlaufsform**
Niemand hinderte ihn am Denken. *Sie haben großen Spaß am Kochen.*	*Er war (gerade) am Denken, als es klingelte.* *Sie waren (gerade) am Kochen, als es klingelte.* *Der Lehrer ist (gerade) am Erklären einer Aufgabe.*

▶ 151 Pluralbildung bei Substantiven

Es gibt im Deutschen eine Reihe von Fremdwörtern, die verschiedene Pluralformen aufweisen. Das für Fremd- und Kurzwörter häufig verwendete Pluralmorphem -s verdrängt aber zusehends auch herkömmliche Flexionsformen.

Pizza – (die) Pizzen, Pizza-s
Konto – (die) Konten, Konto-s
Komma – (die) Kommata, Komma-s
Schema – (die) Schemata, Schemen, Schema-s
Junge – herkömmlich: *(die) Jungen, Jung-s;* jetzt auch: *Jungen-s*
Kumpel – herkömmlich: *(die) Kumpel-ø;* jetzt auch: *Kumpel-s*

3. Satzglieder und Satzlehre

▶ 152 Stellung und Deklination des attributiven Adjektivs

Das attributiv gebrauchte Adjektiv steht normalerweise vor dem Substantiv und ist mit seinem Bezugswort kongruent (s. ▶ 45).

Abweichung von dieser „Regel" findet man in einigen Redewendungen sowie in poetischen Texten.

„Kein schöner Land in dieser Zeit …" (statt: *Kein schöneres Land …"*)
Gut Ding will Weile haben. (statt: *Gutes …*)

Ebenfalls in poetischen Texten steht manchmal das Adjektiv unflektiert hinter seinem Bezugswort.

ein Röslein rot (statt: *ein rotes Röslein*)
Whiskey pur (statt: *purer Whiskey*); *Spannung pur*

Zunehmend kommt dies aber auch in der Werbe- und in der Folge auch in der Umgangssprache vor.

Spaß total (statt: *totaler Spaß*)
Cola light (aber nicht: **lighte Cola*)

▶ 153 Verbzweitstellung im eingeleiteten Nebensatz

Im eingeleiteten Nebensatz steht das Prädikat gewöhnlich an letzter Satzgliedstelle (s. ▶ 119). In der mündlichen Umgangssprache rückt es jedoch häufig an die zweite Stelle:

schriftliche Standardsprache	**mündliche Umgangssprache**
Er kommt etwas später, weil er noch arbeiten muss. *Die Wohnung gefällt mir, obwohl sie auch ihre Nachteile hat.*	*Er kommt etwas später, weil – er muss noch arbeiten.* *Die Wohnung gefällt mir, obwohl – sie hat auch ihre Nachteile.*

✓Checklisten Grammatik

Mithilfe der folgenden Aufgaben kannst du überprüfen, wie fit du im Bereich der Grammatik bereits bist. Löse zunächst die Aufgaben in deinem Heft, ohne das Kurz-gefasst-Heft zu benutzen. Wenn du eine Aufgabe nicht kannst oder sie falsch gelöst hast, lies dir noch einmal die entsprechenden Abschnitte (siehe die Lösungen auf S. 60 f.) in dieser Grammatik durch. Bearbeite diese Aufgaben dann nach einiger Zeit noch einmal.

▸ Wortsegmente

Aus wie vielen Lauten besteht das Wort „schwingen"? Kreuze die richtige Antwort an.

○ 9 ○ 8 ○ 7 ○ 6

Unterstreiche bei folgenden Wörtern den Wortstamm.

- unausweichlich
- veränderbar
- Verzichtbarkeit

▸ Wortbildung

Bestimme jeweils die Art der Wortbildung.

- WC
- übersetzen
- Buchrücken
- abhalten

▸ Wortarten

Kreuze in jeder Reihe das Wort an, das einer anderen Wortart als die übrigen angehört.

○ Morgen	○ morgens	○ Abend	○ Montag
○ Leben	○ legen	○ leben	○ lehnen
○ geradeaus	○ rechts	○ links	○ in
○ beinahe	○ fast	○ höchstens	○ gleich
○ sonderbar	○ seltsam	○ besonders	○ sonderlich
○ sich	○ sein	○ ihm	○ ein
○ dass	○ das	○ damit	○ denn
○ dem	○ dessen	○ der	○ das
○ meinem	○ meiner	○ mich	○ meine

▸ Verb

Welche der folgenden Aussagen über Verben sind richtig? Kreuze die richtigen Aussagen an.

○ Im Deutschen werden zwei Modi (= Aussageweisen eines Verbs) unterschieden.

○ Im Deutschen werden zwei Genera verbi (= Handlungsarten eines Verbs) unterschieden.

○ Im Deutschen gibt es sowohl drei Vergangenheits- als auch drei Zukunftsformen.

○ Die Verben *sein* und *werden* können auch als Hilfsverben auftreten.

○ Verben, die mit einem Akkusativobjekt stehen können, nennt man „transitiv".

Bestimme die folgenden Verbformen nach Person, Numerus, Tempus, Handlungsart und Modus.

- er hat gehört
- sie wurden gehört
- ihr wart gehört worden
- sie hätte gehört
- wir würden gehört haben
- du wirst gehört werden
- du hörest

Bilde die angegebenen Verbformen.

- 2. Pers. Sing. Perfekt Indikativ Aktiv (fahren)
- 1. Pers. Plur. Präsens Indikativ Passiv (fliegen)
- 3. Pers. Plur. Plusquamperfekt Indikativ Aktiv (verstehen)
- 3. Pers. Sing. Futur II Indikativ Passiv (bemerken)
- 3. Pers. Sing. Präteritum Konjunktiv Aktiv (bieten)
- 2. Pers. Sing. Futur II Konjunktiv Aktiv (lesen)
- 2. Pers. Sing. Perfekt Konjunktiv Aktiv (feststellen)

▸ Artikel und Substantiv

Welche der folgenden Aussagen über Substantive bzw. Artikel sind richtig? Kreuze die richtigen Aussagen an.

○ Substantive und Artikel sind nach Kasus, Numerus und Genus bestimmt.
○ Alle Substantive kommen sowohl im Singular als auch im Plural vor.
○ Substantive, die sinnlich nicht wahrnehmbare Erscheinungen bezeichnen, nennt man „Abstrakta".
○ Wörter wie *Stuhl, Tulpe, Nagel* oder *Fußball* nennt man „Stoffbezeichnungen".
○ Das Genus eines Substantivs, das eine Person bezeichnet, richtet sich immer nach dem natürlichen Geschlecht dieser Person.
○ Der Artikel zeigt in der Regel das Genus des Substantivs an.

▸ Adjektiv und Adverb

Welche der folgenden Aussagen über Adjektive bzw. Adverbien sind richtig? Kreuze die richtigen Aussagen an.

○ Sowohl Adjektive als auch Adverbien können ein Verb näher bestimmen.
○ Sowohl Adjektive als auch Adverbien können prädikativ und attributiv verwendet werden.
○ Sowohl Adjektive als auch Adverbien können dekliniert und gesteigert werden.
○ Sowohl Adjektive als auch Adverbien können nach ihrer Bedeutung sowie nach ihrer syntaktischen Funktion weiter unterteilt werden.

▶ Pronomen

Welche der folgenden Aussagen über Pronomen sind richtig?
Kreuze die richtigen Aussagen an.

- ○ Pronomen stehen in der Regel als Begleiter eines Substantivs.
- ○ Die meisten Pronomen können dekliniert werden.
- ○ Das Reflexivpronomen kann als Sonderform des Possessivpronomens betrachtet werden.
- ○ Das Possessivpronomen lässt sich aus dem Genitiv des Personalpronomens ableiten.
- ○ Das Demonstrativpronomen *der* ist in allen Formen mit dem Artikel *der* identisch und unterscheidet sich vom Artikel nur in der Funktion.
- ○ Relativpronomen sind formal mit den Demonstrativpronomen *der* bzw. den Interrogativpronomen *welcher, wer* und *was* identisch.

▶ Konjunktion und Präposition

Welche der folgenden Aussagen über Konjunktionen bzw. Präpositionen sind richtig?
Kreuze die richtigen Aussagen an.

- ○ Vor allen Konjunktionen steht – außer am Satzanfang – ein Komma.
- ○ Neben beiordnenden Konjunktionen unterscheidet man unterordnende Konjunktionen, die einen Nebensatz einleiten.
- ○ Unterordnende Konjunktionen können nach ihrer Bedeutung weiter unterteilt werden.
- ○ Präpositionen sind deklinierbar und bestimmen zugleich den Kasus und Numerus ihres Bezugwortes.
- ○ Manche Präpositionen können mit dem bestimmten Artikel verschmelzen; man spricht dann von „Schmelzwörtern".

▶ Wortbeziehungen

Erstelle zum Wort „sprechen" ein möglichst umfangreiches Wortfeld (mindestens zwölf weitere Wörter).

Nenne zu folgenden Wörtern jeweils ein Synonym.

- Innenstadt
- Selbstlaut
- Trottoir

Nenne zu jedem Wort sein Antonym.

- schnell
- geben
- Tod

▶ Satzglieder und Attribute

Ermittle zunächst mithilfe der Umstellprobe die Satzglieder der nachfolgenden Sätze.
Bestimme anschließend die Satzglieder.

- Meine beste Freundin fährt im nächsten Sommer nach Paris.
- Über Michaels Referat wurde heftig diskutiert.
- Der Patient bedarf nach der schweren Operation der Ruhe.
- Die Ärztin gab dem Patienten zur Beruhigung eine Spritze.

Welche der folgenden Aussagen über Satzglieder bzw. Attribute sind richtig?
Kreuze die richtigen Aussagen an.

- ○ In Aussagesätzen steht das Prädikat an zweiter Satzgliedstelle.
- ○ Jeder Satz hat ein Subjekt und ein Prädikat.
- ○ In jedem Satz kann nur ein Objekt vorkommen.
- ○ Adverbiale Bestimmungen sind Satzglieder und geben die genaueren Umstände eines Ereignisses (Ort, Zeit, Grund usw.) an.
- ○ Attribute sind Satzglieder, die ein Subjekt inhaltlich ergänzen.

Bestimme bei folgenden Ausdrücken die Art des Attributs (Genitivattribut, präpositionales Attribut usw.).

- das verliebte Mädchen
- eine Freundin meiner Schwester
- ein Mann mit Geschmack
- ein Plan, das Problem zu umgehen

▸ **Satzlehre**

Welche der folgenden Aussagen über (Neben-)Sätze sind richtig?
Kreuze die richtigen Aussagen an.

- ○ Entscheidungsfragen werden mit einem Fragewort eingeleitet und erfragen ein Satzglied.
- ○ In eingeleiteten Nebensätzen steht das Prädikat an letzter Satzgliedstelle.
- ○ Sowohl Relativ- als auch Konjunktionalsätze können Satzglieder eines übergeordneten Satzes ersetzen.
- ○ Alle Adverbialsätze sind zugleich Konjunktionalsätze.

Bestimme die folgenden Nebensätze nach ihrem Einleitungswort.

- Sie wussten nicht, was sie tun sollten.
- Sie dachten nach, weil sie nicht weiter wussten.
- Sie waren diejenigen, die nicht weiter wussten.
- Sie handelten, sobald sie einen Weg sahen.

Bestimme die folgenden Nebensätze nach ihrer grammatischen Funktion.

- Wer anderen eine Grube gräbt, fällt selbst hinein.
- Der Krug geht solange zum Brunnen, bis er bricht.
- Was du heute kannst besorgen, verschiebe nicht auf morgen.
- Besen, die neu sind, kehren gut.

Bestimme die folgenden Adverbialsätze nach der Art der Umstandsangabe.

- Sie dachten nach, weil sie nicht weiter wussten.
- Der Krug geht solange zum Brunnen, bis er bricht.
- Obwohl es regnete, wollten sie ins Gebirge fahren.
- Sie beeilten sich sehr, damit sie ja pünktlich kamen.

Bilde aus den unterstrichenen Satzgliedern mithilfe der Vorgaben Objekt- und Subjektsätze.

- Das Ziel der Männer war von Anfang an klar. (als Subjektsatz mit *was*)
- Die Männer wussten gleich eine Lösung für das Problem. (als Objektsatz mit *wie*)
- Die Widerstände der anderen kümmerten sie nicht. (als Subjektsatz mit *dass*)

Bilde aus den unterstrichenen Satzgliedern Adverbialsätze.

- Aufgrund des schlechten Fernsehprogramms gingen sie früh ins Bett.
- Zur Verbesserung ihrer Spieltechnik übte sie täglich zwei Stunden.
- Er wollte trotz großer Hitze nicht ins Schwimmbad.

Bilde aus den unterstrichenen Attributen Attributsätze.

- ein Ort am Ende der Welt
- das erst kürzlich renovierte Stadion
- das Buch meines Bruders

Lösungen

▶ **Wortsegmente**

- Laute im Wort „schwingen“ (s. ▶ 2): 6
- Wortstämme (s. ▶ 4): unaus<u>weich</u>lich, ver<u>änder</u>bar, Ver<u>zicht</u>barkeit

▶ **Wortbildung**

- Art der Wortbildung (s. ▶ 5–10): WC (Abkürzung), übersetzen (Verbzusatz), Buchrücken (Kompositum), abhalten (Derivation)

▶ **Wortarten**

- Wortartenbestimmung: *morgens*: Adverb (s. ▶ 69 f.), kein Substantiv (s. ▶ 36 f.); *Leben*: Substantiv (s. ▶ 36 f.), kein Verb (s. ▶ 12 f.); *in*: Präposition (s. ▶ 76), kein Adverb (s. ▶ 69 f.); *gleich*: Adjektiv (s. ▶ 43 f.), kein Adverb (s. ▶ 69 f.); *besonders*: Adverb (s. ▶ 69 f.), kein Adjektiv (s. ▶ 43 f.); *ein*: Artikel (s. ▶ 52), kein Pronomen (s. ▶ 57 ff.); *das*: Artikel (s. ▶ 52), keine Konjunktion (s. ▶ 79 ff.); *dessen*: Demonstrativpronomen (s. ▶ 63), kein Artikel (s. ▶ 52); *mich*: Reflexivpronomen (s. ▶ 62), kein Possessivpronomen (s. ▶ 64)

▶ **Verb**

- *richtige* Aussagen über Verben (s. ▶ 12 ff.): Im Deutschen werden zwei Genera verbi (= Handlungsarten eines Verbs) unterschieden. – Die Verben *sein* und *werden* können auch als Hilfsverben auftreten. – Verben, die mit einem Akkusativobjekt stehen können, nennt man „transitiv“.
- Verbformen bestimmen (s. ▶ 14 ff.): *er hat gehört*: 3. Pers. Sing. Perfekt Indikativ Aktiv; *sie wurden gehört*: 3. Pers. Plur. Präteritum Indikativ Passiv; *ihr wart gehört worden*: 2. Pers. Plur. Plusquamperfekt Indikativ Passiv; *sie hätte gehört*: 3. Pers. Sing. Plusquamperfekt Konjunktiv Aktiv; *wir würden gehört haben*: 1. Pers. Plur. Futur II Konjunktiv Aktiv; *du wirst gehört werden*: 2. Pers. Sing. Futur I Indikativ Passiv; *du hörest*: 2. Pers. Sing. Präsens Konjunktiv Aktiv
- Verbformen bilden (s. ▶ 14 ff.): *2. Pers. Sing. Perfekt Indikativ Aktiv (fahren)*: du bist gefahren; *1. Pers. Plur. Präsens Indikativ Passiv (fliegen)*: wir werden geflogen; *3. Pers. Plur. Plusquamperfekt Indikativ Aktiv (verstehen)*: sie hatten verstanden; *3. Pers. Sing. Futur II Indikativ Passiv (bemerken)*: er wird bemerkt worden sein; *3. Pers. Sing. Präteritum Konjunktiv Aktiv (bieten)*: er böte; *2. Pers. Sing. Futur II Konjunktiv Aktiv (lesen)*: du werdest gelesen haben; *2. Pers. Sing. Perfekt Konjunktiv Aktiv (feststellen)*: du habest festgestellt

▶ **Artikel und Substantiv**

- *richtige* Aussagen über Substantive (s. ▶ 36 ff.) und Artikel (s. ▶ 52 ff.): Substantive und Artikel sind nach Kasus, Numerus und Genus bestimmt. – Substantive, die sinnlich nicht wahrnehmbare Erscheinungen bezeichnen, nennt man „Abstrakta“. – Der Artikel zeigt in der Regel das Genus des Substantivs an.

▶ **Adjektiv und Adverb**

- *richtige* Aussagen über Adjektive (s. ▶ 43 ff.) und Adverbien (s. ▶ 69 ff.): Sowohl Adjektive als auch Adverbien können ein Verb näher bestimmen. – Sowohl Adjektive als auch Adverbien können prädikativ und attributiv verwendet werden.

▶ **Pronomen**

- *richtige* Aussagen über Pronomen (s. ▶ 57 ff.): Die meisten Pronomen können dekliniert werden. – Das Possessivpronomen lässt sich aus dem Genitiv des Personalpronomens ableiten. – Relativpronomen sind formal mit den Demonstrativpronomen *der* bzw. den Interrogativpronomen *welcher*, *wer* und *was* identisch.

▶ **Konjunktion und Präposition**

- *richtige* Aussagen über Konjunktionen (s. ▶ 72 ff.) und Präpositionen (s. ▶ 76 ff.): Neben beiordnenden Konjunktionen unterscheidet man unterordnende Konjunktionen, die einen Nebensatz einleiten. – Unterordnende Konjunktionen können nach ihrer Bedeutung weiter unterteilt werden. – Manche Präpositionen können mit dem bestimmten Artikel verschmelzen; man spricht dann von „Schmelzwörtern".

▶ Wortbeziehungen

- Wortfeld (s. ▶ 83) „sprechen": reden, stottern, flüstern, lispeln, lallen, schreien, rufen, sagen, schwatzen, sülzen, labern, quasseln, stammeln, brüllen, grölen …
- Synonyme (s. ▶ 84): *Innenstadt*: Zentrum, City; *Selbstlaut*: Vokal; *Trottoir*: Gehweg, Bürgersteig
- Antonyme (s. ▶ 84): *schnell*: langsam; *geben*: nehmen; *Tod*: Leben

▶ Satzglieder und Attribute

- Satzgliedbestimmung (s. ▶ 85–106): Meine beste Freundin (= Subjekt) fährt (= Prädikat) im nächsten Sommer (= temporales Adverbial) nach Paris (= lokales Adverbial). Über Michaels Referat (= Präpositionalobjekt) wurde (+ diskutiert = Prädikat) heftig (= modales Adverbial) diskutiert. Der Patient (= Subjekt) bedarf (= Prädikat) nach der schweren Operation (= Präpositionalobjekt) der Ruhe (= Genitivobjekt). Die Ärztin (= Subjekt) gab (= Prädikat) dem Patienten (= Dativobjekt) zur Beruhigung (= finales Adverbial) eine Spritze (= Akkusativobjekt).
- *richtige* Aussagen über Satzglieder (s. ▶ 85–106) und Attribute (s. ▶ 107 ff.): In Aussagesätzen steht das Prädikat an zweiter Satzgliedstelle. – Adverbiale Bestimmungen sind Satzglieder und geben die genaueren Umstände eines Ereignisses (Ort, Zeit, Grund usw.) an.
- Attributarten (s. ▶ 108): *verliebte*: attributives Partizip; *meiner Schwester*: Genitivattribut; *mit Geschmack*: präpositionales Attribut; *das Problem zu umgehen*: Infinitiv mit „zu"

▶ Satzlehre

- *richtige* Aussagen über (Neben-)Sätze (s. ▶ 117–132): In eingeleiteten Nebensätzen steht das Prädikat an letzter Satzgliedstelle. – Sowohl Relativ- als auch Konjunktionalsätze können Satzglieder eines übergeordneten Satzes ersetzen.
- Nebensatzbestimmung nach Einleitungswort (s. ▶ 119 f.): Konjunktionalsätze: Sie dachten nach, *weil sie nicht weiter wussten*. Sie handelten, *sobald sie einen Weg sahen*. – Relativsätze: Sie wussten nicht, *was sie tun sollten*. Sie waren diejenigen, *die nicht weiter wussten*.
- Nebensatzbestimmung nach grammatischen Funktion (s. ▶ 125–132): *Wer anderen eine Grube gräbt*, fällt selbst hinein: Subjektsatz. Der Krug geht solange zum Brunnen, *bis er bricht*: Adverbialsatz. *Was du heute kannst besorgen*, verschiebe nicht auf morgen: Objektsatz. Besen, *die neu sind*, kehren gut: Attributsatz
- Adverbialsatzbestimmung (s. ▶ 131): Sie dachten nach, *weil sie nicht weiter wussten*: Kausalsatz. Der Krug geht solange zum Brunnen, *bis er bricht*: Temporalsatz. *Obwohl es regnete*, wollten sie ins Gebirge fahren: Konzessivsatz. Sie beeilten sich sehr, *damit sie ja pünktlich kamen*: Finalsatz.
- Objekt- und Subjektsätze bilden (s. ▶ 125 ff.): Von Anfang an war klar, was das Ziel der Männer war. – Die Männer wussten gleich, wie sie das Problem lösen mussten/konnten. – Es kümmerte sie nicht, dass sie Widerstände der anderen zu erwarten hatten.
- Adverbialsätze bilden (s. ▶ 131): Sie gingen früh ins Bett, da das Fernsehprogramm so schlecht war. – Sie übte täglich zwei Stunden, um ihre Spieltechnik zu verbessern. – Er wollte nicht ins Schwimmbad, obwohl große Hitze herrschte.
- Attributsätze bilden (s. ▶ 132): ein Ort, *der am Ende der Welt liegt*; das Stadion, *das erst kürzlich renoviert wurde*; das Buch, *das meinem Bruder gehört*.

Register

Die Ziffern verweisen auf die einzelnen Abschnitte ▶. Halbfette Ziffern bei mehreren Verweisen beziehen sich auf Abschnitte, die ausführlichere Informationen zum Stichwort enthalten.